동양과 서양 사이

개인으로부터 공동체로

루스 이리가라이

이은민 옮김

東文選

동양과 서양 사이

개인으로부터 공동체로

LUCE IRIGARAY

Entre Orient et Occident

© Éditions Grasset & Fasquelle, 1999

This edition was published by arrangement
with Éditions Grasset & Fasquelle, Paris
through Korea Copyright Center, Seoul

차 례

서 문

　"많은 것들이 의심스럽지만 인간 자신보다 더 의심스러운 것은 없다."(소포클레스, 《안티고네》, v.332-333)

　분명 이 시대는 의심을 품고 있다. 하지만 인간이 의심을 품는 것보다는 덜하다. 이 시대가 의심한다는 것은 인간이 의심을 품고 있다는 것에서 생기는 것이고, 우리의 질병에 대한 모든 설명, 제기되거나 발견된 모든 처방들은 의심의 원인을 설명해 주기에는 역부족이다. 이 모든 설명이나 처방들이 수세기 전부터 인간이란 무엇인가를 의심하지 않는 한 말이다. 즉 이 설명들과 처방들은 극히 부분적이고 피상적이며 위험을 일으키는 원인에 도달하지 못한다. 그러므로 모든 처방과 마찬가지로 모든 설명들은 인간 자신처럼 무(無)에 이르게 된다. 그리고 각자의, 또 모두의 죽음이야말로 인간의 무기력에 저항하는 유일한 것처럼 보인다.

　사실 인간은 지구를 고갈시키고, 인간의 지략으로 야생동물들과 새들·물고기들을 이겼으며, 말과 황소를 노동에 이용하고, 언어를 사용하여 완벽한 이해력에 이를 수 있었으며, 또한 도시를 지배하고 우주의 불규칙성을 이겨내지 않 았는가? 인간은 결국 무에 이르기 위해 자신의 재능으로 모 든 것을 지배하지 않았는가? 혹은 거의 그에 가깝지 않았는 가? 그리고 높은 곳에서 이 세상, 인간의 세상을 굽어보면서 결국에는 소외된 자신을 깨닫고 있는 것은 아닌가?

대담성과 도전을 좋아한 덕에 하늘과 땅 사이에 길을 트 는 그는 결국 이 모두를 황폐하게 만들지 않았는가? 그는 자신의 수완을 발휘하여 무엇이 존재하는가에 대한 의문을 제기하기도 전에 자기 자신의 존재를 조합하고 구성하면서 존재하는 것과 존재하지 않는 것을 혼돈하지는 않았는가? 현실에 대한 지식이 자기 자신이라는 것에서부터 시작하여 현실에 대한 자신의 지식을 확신하지 못한 채 환상에서 환 상으로 나아가는 것은 아닌가?

"내 집에서 그 일을 해내는 자는 친구가 될 수 없고, 그의 환상이 내 지식을 이룰 수는 없다."(*ibid.*, v.373-375)

약 2천5백 년 전, 소포클레스의 비극 《안티고네》의 앞부 분 코러스는 이러하였다.

오늘날 우리 여성들과 남성들은 더 이상의 환상을 지속 시키지 않기 위해, 이 대사를 우리의 상황으로 받아들이고 생각해 볼 수 있다. 그리하여 이 시대의 경제 위기는 우리 가 우리의 병폐에 전념하게 하는 일례만을 제공하기 때문 에 수세기 동안 인간이란 어떤 존재인가를 드러내는 한

가지 징후일 뿐이었다.

원인을 치유하지 않은 채 경제 문제를 해결한다는 것은 인간에게는 자신으로부터, 자기 세계로부터 다소 멀어지는 것, 그리고 좀더 빠른 속도로 그의 실추와 인류의 실추, 이 지구의 실추를 재촉하는 것이다.

분명 각 개인을 꼭 필요한 깨달음으로부터 멀어지게 하고, 스스로 경제적 병폐 자체를 이용하여 개인의 무지와 무책임성에 대한 망상을 더욱 키우며, 동일한 지평이나 전망 내부에서 일어날 수 있는 재앙에 속수무책인 해결책 쪽으로 이끄는 선동가들은 많다.

하지만 이 책에서 내가 나만의 유토피아를 지지하기 위해 화려한 비유들로 치장하는 일을 즐기고 있다고는 생각지 말라. 나는 현실적인 것들을 말하고 있다. 하지만 과연 지금의 어느 누가 현실의 무엇을 간파하기 위해 귀기울인단 말인가?

그렇다면 세상을 구축한 사람에게는 낯선 세계가 되어 버리고, 모든 사람들에게 위험한 곳으로 모습을 드러내는 이 세계의 지평선을 어떻게 다시 열 수 있을까?

두 가지 행동이 필수적인 것 같다. 즉 개인의 정체성과 공동 조직을 재구축해야 한다.

나는 이런 말을 항상 나 자신으로부터, 그리고 나를 에워싸는 이미 주어진 세계로부터 점점 멀어지면서 내가 조직한 어떤 집단 안에서, 혹은 그 바깥에서 발설하지는 않는다. 아마도 내가 여자이기 때문인지도 모른다. 이 말들은 오히려 나 자신의 탐색으로부터, 세상으로부터, 타인으로부터, 환상의 저편으로부터, 거짓말의 저편으로부터 생겨난다.

아마도 내가 여자이기 때문에, 나는 더 신속하고도 다른 식으로 그 위험을 파악하고 경험했는지도 모른다. 그리고 몇 년 전에 나에게 온갖 종류의 의혹이었던 것들은 여전히 지금도 그러하다. 하지만 나는 삶을 사랑하고, 보호하고, 가꾸기 위해 해결책을 모색해 왔다. 나와 인생 자체를 위해서 말이다.

어떤 남(여)자들에게 이러한 해결책들은 너무 시시할 수도 있고, 또 다른 사람들에게는 아주 대단하게 비칠 수도 있을 것이다. 이 해결책들은 나를 나 자신과 세상으로부터, 한 사람 혹은 여러 사람의 타인들과의 관계로부터 앗아간 인위적 산물 저편으로 되돌리려고 애를 쓴다. 이 해결책들은 개인적이고 집단적 삶이 동일한 원천에서 비롯된다는 인식을 통해 이제껏 내게 강요된 생존의 방식을 변형시키고자 한다.

분명 그것은 해체이지만 한 세계를 구축하지 못했던 자에게 이것은 지나친 사치로 보인다. 그렇다면 이러한 행위를 위한 에너지는 누구에게서, 어디에서 얻어지는가? 증오에 의해 불어넣어지게 되는가? 누구에 대한, 혹은 무엇에 대한 증오인가? 모든 것에 대한 증오이고, 자신에 대한 증오인가? 이러한 작용은 실제 현존하는 논리학에서, 엠페도클레스가 우리의 지평을 구축하는 과정에서 그 중요성을 강조한 대립, 특히 사랑과 증오 사이의 대립에서 비롯되는가? 수많은 언어학적 기교를 사용하는 경우를 포함하여 해체(解體)는 수완(手腕)이라는 특수한 형태에 머무르는 것은 아닌가? 또 이 해체는 프로메테우스의 마지막 몸짓처럼 무정부적 광기에 이끌릴 때까지 이성(理性)을 가두는 것이 아닌가? 해체는 감각적-지적·육체적-정신적 이분법이 인간과 인간 세계가 지니는 의심스런 특성을 일으키는 주된 동기 중의 하나라는 사실을 외면하고 싶은 매우 정신적인, 오직 정신적이기만 한 것은 또 아닐까? 이 해체자의 능숙한 기술은 제동장치도, 가능한 대안도 없이 차후에 거의 피할 수 없이 나타나는 과정을 가속시킬 위험을 무릅쓰지는 않는가?

그렇다. 사슬을 끊고, 감옥 문을 열어젖히고 거짓과 환상을 폭로해야 한다. 하지만 삶 자체의 기본적 요소, 특히 자연적이고 영적인 삶의 처음과 마지막 몸짓으로 돌아가지 않는다면 어떻게 이것을 할 수 있단 말인가? 어떻게 스스로 호흡한단 말인가?

그리하여 내가 자발적으로 살아갈 수 있음을, 아무도 절대적으로 내게 필요하지 않다는 것, 살아남기 위해 어머니와 아버지를 만들어 내야 할 필요가 없다는 것을 깨달아야 한다. 스스로의 호흡을 통해 나는 사회-문화적 태반에서 벗어날 수 있다. 그리하여 나는 거듭 새로이 태어나고, 어머니 뱃속에 있는 태아처럼, 흔히 주어진 역사적 지평 내부에 처해 있는 인간처럼 더 이상 누군가의 호흡에 의존하여 살아가지 않을 수 있게 된다. 내 삶에서 새로 태어나야 한다. 또한 문화적으로 순수한 상태에서 태어나야 한다. 즉 무엇이 존재하고, 무엇이 아름다운가, 무엇이 진실한가를 발견하거나 다시 깨닫기 위해서는 아무것도 포기할 필요가 없다. 개인적인 제2의 탄생을 통해 이것을 파악해야 한다.

그러나 여기에서도 말에 그쳐서는 안 된다. 어쨌든 내가 필요성 때문에, 그리고 일관되이 그렇게 서구 문화를 실험하기 시작했던 것이 해결책을 제시하지는 않았다. 서구의 몇몇 현대 철학자들처럼 나는 방법상의 안내서와 입문서를 찾아내기 위해 동양 쪽으로 몸을 돌려야 했다. 나는 서구의 대가들과는 다른 식으로 방향을 전환했다. 나는 내 지식 안에 동양 학자들의 지식을 포함시키거나, 심지어 그들의 용어를 내 용어로 변형시켰다고 주장하지는 않았다. 이러한 유형의 전이는 내게 불안정하게 보였다. 나는 거장들의 가르침을 따랐는데, 그들에게 있어서 일상적인 훈련——말하자면 요가——은 태어나거나 거듭나는 것을, 그리고 다른 의미, 다른 빛, 다른 체계를 지닌 말과 행동들을 발견하는 데 도움을 주었다.

우선은 단순하게, 그 다음에는 동양의 학자들이나 동양에서 수학한 학자들의 도움을 받아 숨쉬는 법을 다시 습득하여 처음에는 내 삶에 도움이 되게 하고, 이어서 그 의미를 획득하게 되었지만, 이것은 나로 하여금 조금씩 다른 삶이 존재한다는 것을 간파하게 했다. 그것도 생사를 넘나들면서가 아니라 현세의 삶에서 말이다. 내가 습득해 왔던 것, 내가 상상할 수 있었던 것과는 전혀 다르게 사는 일이 가능했다.

이 '다름'은 어떤 무의식적 발견과는 아무 공통점이 없다. 사실대로 말하자면, 오히려 혼란스러웠던 요가 교수와 나와의 첫 만남은 모든 것이 뚜렷해지는 가능성, 그가 자기 제자들에게 가르쳐 준 가능성 쪽으로 전개되었다. 그리하여 정신분석학자인 나는 그의 단순함을 그에게 일깨워 주었다. 그러나 정작 나의 순진함을 발견하지는 못했다! 그 이유는 더 이상 우리가 두 개의 서로 다른 지평에서 출발했다는 사실 때문이 아니다. 호흡의 훈련, 숨을 쉬는 방식이 암흑과 서구 의식이라는 그림자들을 확실하게 흡수했던 것이다. 그러나 이 방식은 전혀 다른 식으로, 특히 정신을 구성한다. 그것은 신체와 감각의 단련에 훨씬 많은 주의를 기울인다. 어떻게 보면 그것은 본질과 표면을 역전시킨다. 우리 서구인들은 문화의 본질이 말과 문장, 더 나아가 예술작품들 속에 남아 있다고, 그리고 신체 단련은 우리가 이 본질에 몰두하는 것에 도움이 된다고 믿고 있다. 동양의 거장들에게는 호흡을 수련함에 따라 육체 자체가 정신이 될 수 있다. 어쩌면 서구의 초기 역사——예를 들어 아리스토텔레스나 그보다는 엠페도클레스에게 있어서——에서 영혼은 그때까지 호흡, 공기에 속한 것 같다. 하지만 이 둘의 관계는 얼마 지나지 않아 망각되었다. 특히 철학에서 그러했다. 영혼, 혹은 그

위치에 놓일 수 있는 것은 개념화와 재현의 결과가 되었지 호흡 훈련의 결과는 아니었다. 두 전통 사이의 여러 통로들은 역행과 역사적 망각으로 인한 많은 오해들이 뿌리 깊게 남아 있는 탓에 재정립되기 어렵다.

　나는 쇼펜하우어의 종의 특성이라는 개념에 대한 한 가지 예를 제시하려고 한다. 인도 문화에 관심을 두었던 이 서양 철학자는, 어쨌든 인간의 삶은 번식이라는 맹목적 열정에 이끌린다고 주장한다. 그런데 인도인들이 삶의 영속을 굳게 믿는다 해도, 그들이 일반적으로 아이 둘을 낳아 인류 생존에 대한 자신들의 임무를 이행한다 해도, 그들에게는 번식에 대한 열정이 그만큼 입증되지 않는다. 그들은 삶을 사랑하고 가꾸지만 자기 종족을 번식시켜야 한다는 거역할 수 없는 요구에 대해서는 그렇지 않다. 오히려 그들의 목적은 소우주이고 대우주인 그들의 신체와 자연을 영적으로 승화하는 것이고, 이 신체와 자연을 바로 지금 이 현세의 유한함으로부터 영생으로, 불완전성에서 완전성으로 나아가게 하는 것이다. 여기에서 본뜬 방법이 일반적으로 호흡의 문화이고 부분적인 것에, 어떤 목적에, 저절로 고통과 아픔을 일으키는 것에 대한 몰두를 포기하는 것이다. 쇼펜하우어의 이론에서 비롯되는 개인화의 경시와는 상반되게 힌두교는 죽은 후, 특히 불완전하게 영혼이 스며드는 것을 피하기 위해 완전해질 때까지 영혼을 육체에 깃들이는 고행을 시도한다.

단련되는 것, 호흡 훈련으로 영적인 존재가 되는 것, 동양 문화는 종종 바로 이러한 것에 일치한다. 이러한 과정에서 육체는 정신과 따로 떨어지지 않고, 의식(意識)이 아무리 뛰어나다 해도 자연을 지배하지 못한다. 의식은 기본적인 생기의 중심에서 가장 영적인 중심, 즉 마음·말·생각을 향해 호흡함으로 존재 자체를 점점 깨닫게 된다. 여기에는 시간이 필요하다! 흔히 삶의 시간은 일반적 생명의 리듬, 우주의 생명, 다른 생물들의 생명의 리듬에 맞춰야 하고, 영혼을 호흡하는 사람은 이러한 리듬을 존중하고, 심지어 그들이 원하는 바가 있다면 그것을 도와야 한다.

영혼의 발전은 그렇기 때문에 육체와도 욕망과도 분리되지 않지만, 이 육체와 욕망은 자신들을 파괴시키는 것에 대한 단념을 조금씩 배우게 된다. 분명 그것은 포기를 위한 포기가 아니라 현세에서 은총의 접근을 막는 것을 포기하는 것이다. 그렇기 때문에 고행은 서구에서 지나치게 자주 그래 왔던 것처럼 배타적인 것이 아니라 행복으로 나아가기 위해 받아들여지고 원해지는 한계이다. 예를 들면 성(性)에 대해서도 마찬가지이다. 서구 문화에서 정숙함은 그 자체로 선으로 나타나지 않고, 군주제의 지원자는 성이라는 차원에서 자신의 역량을 뛰어나게 입증해야만 한다. 그러나 인도의 신들은 보통 부부로 나타난다. 남성과 여성은 우주의 몇 가지 친근한 요소들을 통해, 그들의 동등한 사랑을 통해 이 우주를 창조하고, 그들의 열정 때문에 우주를 파괴한다. 그리하여 이제 우리는 수천 년 동안 계속되었던 서양의 철학적-종교적 사상으로부터 멀어져 있다.

동양의 문화 특히 토착 문화, 아리아인 이전 문화의 관습들과 문헌들을 바탕으로 사고하는 쪽으로 방향을 전환하는 것은 우리에게 서구의 역사를 추적할 수 있는 새로운 방법을 제시할 수 있다. 나에게는 그러했다. 그리고 몇 년 동안 나는 이러한 문화에 흥미를 가진 사람이 나 혼자만이 아니라는 것을 확인할 수 있어서 즐거웠다! 불행히도 서양인들은 특히 아리아인 이후의 사실들, 보다 여성적인 토착 문화보다 그들에게 더 익숙한 이 시기의 사실들에 대한 흥미만을 고수하고 있다. 인도에서 수련한 요가 교수들조차 그들이 전파하는 문화의 성적(性的) 차이가 얼마나 중요한가를 망각하고 있다. 오로지 노교수들만이 전통이라는 차원을 강조할 뿐이고, 그것도 책에서만 드러낼 뿐이다. 슬프게도 현재 이루어지는 것이 이런 것이다! 그것은 서양이 가장 신경 쓰고 있는 것, 즉 기술력, 자연에 대한 지배력, 성적 차이의 근본적인 특징을 망각하는 등과 같은 것들에 대해서는 약간의 관심을 지닐 뿐이다.

만일 내 요가 스승들로부터 생존을 위해, 몇 가지 질병을 치유하기 위해, 초탈과 자발성에 이르기 위해 호흡의 중요성을 배웠다 해도, 나는 남자 선생이든 여자 선생이든 그들로부터 호흡이나 에너지에 성적 차이가 있다는 어떤 표시도, 자신과 타인에 대한 존경과 애정 속에 담겨 있는 이 성적 차이가 얼마나 유용한가에 대한 어떤 표시도 얻지 못했다. 이러한 과정을 나는 혼자서 고안하고 수행하여야만 했다. 수련을 하고, 내 안에 귀를 기울이고, 책을 읽고, 스스로 깨달으며 서구와 연결된 통로들을 만들어 내면서 말이다. 그리하여 몇 가지 고통들을 치유하기도 했다. 오늘날 내가 보고 생각하는 것은 두 가지 전통들 사이에서 이루어진다. 실제로 이 둘이 존재하고 더 정확히 말해 현재의, 혹은 잊혀진 인간 의식의 변화가 그다지 중요하지 않다고 가정한다면 말이다. '동양의 가르침들' 이라는 부분에서, 나는 요가를 통해 내가 습득했던(혹은 기억을 되살렸던) 것과 이 전통을 통해 내가 (아직까지도?) 초월하지 못한 것을 말하려고 했었다.

이 책을 쓰는 동안 나는 성장했다. 적어도 나는 그랬으면 한다……. 특히 내가 스스로에게 제기한 질문들, 혹은 내게 제기된 질문들에 대해 대답하기 위해서 말이다. '호흡의 방식' 에서는 호흡, 숨쉬기 훈련이 왜 중성적이지 않은가를, 그리고 어떻게 여성과 남성이 특수한 방식으로 숨을 쉬고 그들의 호흡을 이용하는가를 말하려고 했다. 한쪽은 특히 공유를 목적으로 자기 안에 숨을 더 많이 유지하는 반면, 또 다른 한쪽은 자기 외부를 향해 거의 대부분 내쉰다. 나는 숨쉬기의 이 커다란 내재성을 출발점으로 삼아 남성이 여성에게 이끌리는 매력을 설명하고자 했고, 육체적인 삶을 포기하지 않으면서 욕망을 가꾸는 방식을 암시했다.

남성과 여성간의 이러한 결합은 이미 오랫동안 관습화된 양상을 초월하여, 어떤 의미에서는 가장 파괴적인 몸짓으로 나타난다. 하지만 동시에 동일한 몸짓의 이 결합은 가장 취약한 차원에서, 인간의 가장 은밀한 차원에서 일어날 수 있는 재구축을 일으키고 또 인간을 에워싸는 이미 주어진 세계, 즉 자연, 다른 생물들의 세계와 생생한 관계들을 일으키기도 한다.

게다가 자연적이고 영적인 삶의 원천적이고도 궁극적인 몸짓을 공유하는 것은 재고해야 할 원천, 혹은 교량이 아닌가? 또 개별성과 공동체를 나타내는 것은 아닐까?

내 삶과 우주의 삶, 타인의 삶을 존중한다는 것이 불안에서 벗어나는 문화에서 요구되는 첫번째 행동이 아닌가? 이 문화는 자연이 미리 주어진 환경이고, 다른 살아 있는 생물체들처럼 고유한 존재이기 때문에 영혼은 이 자연을 지배하지도 않고 자연을 제 것으로 만들기 위해 자연으로부터 멀어지지도 않으면서 그 안에서 스스로 구축된다. 호흡, 가장 익숙한 호흡, 가장 정교한 것, 궁극적인 것이 되는 가장 원천적인 호흡을 통해 육체가 점차 영적으로 변해 가는 과정에 힘입어 깨달음에 이르게 되는 문화를 우리의 전통 형성과정에 도입할 수는 없을까? 그렇다고 가장 불안한 것을 통해 불안을 증폭시켜 이미 주어진 세상으로부터 벗어나는 것이 아니라, 반대로 이 불안을 익숙한 것으로 만들어 가면서 말이다.

만일 이러한 행위가 남성과 여성 두 사람에게 달성된다면, 이는 '우리'라는 가능성 있는 새로운 기초를 뜻하지 않을까? 차이의 이편과 저편이 아닌 이 차이들 자체에 힘입어 일어나는 새로운 기초 말이다. 남성과 여성의 주관성과 공동체를 향한 근본적 관계라는 일어날 수 있는 새 기초, 이것은 또한 문화적 선결조건 없이 다양한 전통의 공존을 가능케 하고, 우리는 이 다양한 문화들을 유지하면서 새로운 사회를 구성하게 된다. 사실 호흡은 문화적 차이들의 이편과 저편의 모든 남성과 모든 여성들에 의해 공유될 수 있는 것이다. 이것은 단 한 가지만을 요구한다. 즉 이것은 자신과 타인의 자연적·영적 삶을 존중하는 것이다.

이 개별성과 공동체를 어떻게 분절시킬 수 있는가? 이 질문은 복잡한 방식으로, 그리고 내게는 미완의 방식으로 동양과 서양이 맺는 관계들에 관한 문제와 교차된다.

이 두 전통을 분리시키는 요소들은 아주 많다. 지리적으로 멀리 있음, 식물 세계, 동물들, 인간들과 인간 세계의 한 부분을 이루는 신들과의 관계들이 이 요소들에 포함된다. 그곳에서 미리 주어진 장소, 출생지는 제2의 어머니로 작용하여 그 주변으로부터 보호하고, 그 땅의 수확물들을 키우며 주변과 관습을 강화시키는 반면 고향을 잃는 것은 다른 수단들, 즉 사냥, 먹을 것을 해결하고 주거 문제를 해결하기 위해, 또 전쟁을 하는 데 필요한 것들의 창출을 방해한다.

유목민들은 처음에 도착한 지역의 친근함을 상대로, 정착민들을 상대로, 훨씬 모성적이고 훨씬 여성적인 가치를 상대로 영토를 정복했다. 그들은 적군 혹은 공모자와 같은 남성들 사이의 문화를 만들었고, 이 문화의 신성함은 가부장적인 존재, 그때까지 없었지만 도처에 모습을 드러내는 존재, 사람들이 추종하는 하느님-아버지에 더욱 가깝다. 그는 우리를 동반하고, 징벌하고, 도우며 보다 자연스런 삶의 방식들에서 벗어나는 유랑민들에게 자신의 법을 강요한다.

아시아의 토착적 전통들과 우리의 서구 문화들 사이에는 개인적이고 집단적인 자아를 변화시킨 움직임들이 개입한다. 예전에는 자연, 가까움, 대화와 구전(口傳), 지방색이 강한 관습들이 공동체의 규범으로 작용했지만 인간들 사이의 개인적 유대감과 유대관계의 상실과 더불어 사회적 집단, 소유권, 기록된 법전들이 보다 형식적으로 규범을 조직하게 되었다. 분명 관계는 존재한다. 하지만 그것은 법으로 정해지고, 이익은 확실하게 재분배된다. 공동성은 가까움이 아니라 소유권에 의해 규정된다. 공동체는 더 이상 혈족이나 누군가의 이웃이라는 친밀한 관계를 기초로 구성되는 것이 아니라 외적 관계·법률·재산, 그리고 주체(들)에게 다소 생소한 경계선들에 의해 구축된다.

한 여자 노예가 가정이라는 집단적 개념에 저항한다. 그녀에게는 토착 문화의 전형적인 특성들이 남아 있다. 즉 친밀함, 정착성, 서로 대화하기, 자연법과 관습법 등이 그것이다. 국가가 이러한 것들을 자신의 규범으로 대치시키려는 것은 사실이다. 즉 국가는 아이들의 탄생과 노동력·재산을 요구하고, 개별적 특성이 추상적이고 인위적인 개인이란 개념에 순종하기를 요구한다. 게다가 여자처럼 가정도 과대평가되는 동시에 가치 하락되며, 식민지화된다. 여자는 자기에게 낯선 가치들, 조금씩 자신을 파괴하는 가치들에 순종한다. 가정을 구성하는 것이 무엇인가에 대해 전혀 잘못 알고 있지도 않으면서, 가정을 파괴한 가부장적 기초들은 가정을 통제하고 권력을 강요함으로써 차츰 가정을 복구할 수 있다고 주장한다. 그러나 그들은 텅 빈 집 안에 있는 셈이다!

사실 여성적 토착 문화들과 가부장적인 인도-유럽 문화들 사이의 몇 가지 관계들을 생각해 보고 복구하는 것이 오히려 더 중요하다. 권력의 전복이라는 관점에서가 아니라 여러 가지 전망들, 다수의 주체들, 세계들, 문화들의 공존이 가능하다는 시각에서 말이다. 이는 여러 전통들이 **혈통의** 우월성을 넘어서고 있음을 의미한다. 즉 오늘날 서로 반대쪽에 위치하는 모계제와 가부장제는 양성들간의 **수평적 관계**를 조직하는 쪽으로 나아가고 있다.

아리아 민족 이전 문명에 고취된 나는 남성과 여성 사이, 심지어 모든 남성들과 모든 여성들 사이의 분절 지점을 특히 호흡을 통해 발견하려고 했다. 서양 공동체라는 단계로 나아가기 위해서는 다른 방법들이 필요하다. 게다가 호흡의 차원에서 이러한 집단을 구성하는 어려움은 인간이 소외되고, 심지어 집단 속으로 자취를 감추게 되는 사회 조직을 이롭게 할 위험을 일으킬지도 모른다. 더군다나 동양의 전통 그 자체는 실제로 다양하고, 아시아와 인도-유럽의 토착적 유산들은 서로간에 실제적인 분절 없이 공존하고 있다. 그러므로 단순히 역사를 전복하는 것이 중요한 것이 아니라, 역사를 구축하기 위해 그 토양과 그뒤에 나타난 유산들에 대해 의문을 던지는 것이 중요하다.

헤겔의 변증법도 마찬가지이다. 어떤 의미에서 헤겔의 변증법은 한계가 분명한 방법이지만, 이것은 불가능성 속에서 윤리라는 여성적 가치들과 문화라는 남성적 가치들을 존중하는 영혼의 양상들을 발견·구축하는 몇 가지의 독특한 논리적 해결책으로 나타난다. 안티고네의 지극한 마음을 크레온 왕의 권력 앞에서 희생시키지 않으려면 이중의 변증법이 필요하지만 그렇다고 이것이 추상적 가치, 자칭 객관적 가치라는 이름으로 늘 점점 현실에서 멀어지는 보편화는 아니다. 자연적으로 미리 주어진 것에서부터 점점 더 인위적으로 조작되는 이상들 쪽으로 향하는 가치들의 서열을 정하는 것은 옳지 않다. 자연과 문화의 관계들을 미리 주어진 세계를 구성하는 현실들을 인정하면서 변증법적으로 재추론하는 것이 중요하다. 즉 대우주라는 현실과 살아 있는 존재들의 현실에 있어서 성적 차이는 자연스런 현실이고, 피할 수 없는 문화적 현실이다.

이 역사적 요소들이 우리에게는 성차(性差)에 대한 처방
보다 훨씬 중요하게 보일 수 있다. 예를 들면 이 시대의 움
직임과 관련된 요소들이 그러하다. 그런데 이 움직임은 우
리를 중성화로 이끌 위험이 있고, 우리를 환경과 개인에 대
해 점점 더 불안해하는 유령으로 만들 위험이 있다. 다양성
과 생소함을 틀 안에 가두거나, 안에 가두기 위해 강압적으
로 보호하면서 말이다. 가부장제의 마지막 세기는 다양성으
로 일컬어지지만, 이 다양성은 여전히 가부장적 세계의 문
안에 남아 있다. 게다가 스스로 존재하기 위해, 타인에게 충
실하기 위해서 인간의 정신은 수집과 단일화의 능력을 필요
로 한다. 그리하여 **하나**의 새로운 세계, **친근한** 새로운 세계
를 발견할 수밖에 없다. 성적 차이는 우리의 이러한 실현을
가능케 한다.

이때 확실히 이 **하나**의 세계는 개인의 차원으로부터 둘
사이의 관계로 나아간다. 공동체는 서로간의 관계들로 구성
되지 하나+하나+하나+……로 나열되거나 외부의 법칙들,
다소 인위적인 법칙들로 결합되지는 않을 것이다.

기본적 관계는 서로 다른 두 존재, 서로를 바꿀 수는 없지
만 자연스런 호감으로 결합된 두 존재로, 또 이 두 존재를
통해 이루어질 것이다. 친근함으로 이어진 관계를 유지하면
서, 더 정확하게 말하면 관계를 친근하게 만들면서 가꾸어
야 하기 때문이다. 성적 매력은 사실 낯선 것이고, 이 낯섦
은 종종 혈통에 대한 향수 혹은 혈통적 차원으로의 후퇴로

해석되고 있다. 혈통의 경우 친근함은 그 이름처럼 영적으로 변화되지도 않고, 독특한 의식의 층위로 고양되지도 않는다. 그리고 서열화된 관계는 타인과의 관계를 지배한다. 지극히 자연스럽고 지극히 문화적이기도 한 혈통이라는 차원은, 자연과 문화 사이를 우리가 원하는 관계들로 재구축할 수 없게 한다.

성적 차이는 우리를 이 재구축의 지점으로 데려갈 수 있고, 이 성차(性差) 덕택에 다양한 종류와 다른 형태들이 자기만의 고유한 미래를 포기하지 않으면서 서로 가까워질 수 있을 것이다.

이때 이 **고유함**의 작용은 어조를 바꾼다. 우리는 그곳에서 살고 있는 타인이 포함된 이 세계를 우리만의 것으로 만들지 않지만, 우리의 고유성을 발견하고 가꾸어야 한다. 우리를 둘러싸고 있는 것(들)이 서로 다르지만 이따금씩은 친근하다는 것을 인정할 수 있기 위해서 말이다.

가까움은 차이를 요구한다. 타인이나 내가 고유한 경계선을 지니지 않는다면 우리는 서로에게 다가갈 수 없다. 우리는 우리와 가까운 남성 혹은 여성을 망각할 정도로 모든 타인을 자기 것으로 만든다.

모성적 세계의 관습들은 일반적으로 가까움으로 규정되지만 가까움이 그런 식으로 고려되어서는 안 된다. 부계 사회는 소유권에 기초하지만 인간의 특성이 이 소유권과는 다르다. 이 세계들 각각에서 독특한 존재로 인식되고 그렇게 키워지게 된다. 이것은 최초 관계들로부터 멀어짐, 더 나아가 이 관계들의 결렬에 대한 인정을 의미하지만, 출생지와 근원지 바깥에서도 이러한 사실을 인식하고 친근성을 키우기 위함이다.

인간과 자연 사이에는 또 다른 유사성이 발견되고 발전될 수 있으며, 이 유사성을 연결시키는 것은 성적 차이이다. 주어진 최초의 친근성에서 멀어지는 남성과 여성은, 사랑과 욕망을 통해 그들 사이에 존재하는 친근성을 감지하고 키울 수 있다. 그리하여 가정과 공동체의 새로운 기초가 되는 지평선이 언뜻 드러난다. 그리고 이 공동체는 인간 의식의 변화에서 진보가 이루어졌음을 뜻한다.

안티고네와 횔덜린은 개별성 사이에 영적 관계를 구축하기 위해 매우 단순하고 즉각적이며 자기 논리적 향수를 포기하게 된다. 이것이 그들이 새로이 탄생하게 된 출발점인가?

삶의 시간

　나는 이런 물음들을 열림, 그리하여 자기 논리적 세계의 결렬, 그리고 인도의 전통이 나에게 가르쳐 준 말과 귀기울임의 첫번째 조건인 지나친 자기 도취의 포기라는 표시 혹은 전조하에 제시할 것이다.

　이 전통에 따르면, 어떠한 이론이나 수양도 결코 완성되지 못한다. 이것들은 늘 과정 속에 있다. 임무는 지금 여기 오늘, 우리 삶의 현재 순간을 어제의 현실과 내일의 현실로 연결시키는 것이다. 그렇기 때문에 당장 이 모든 것을 영원한 것으로 만들기 위해 집착하는 것은 쓸데없는 일이다. 그것은 불가능하다. 반대로 현재의 현실에서 불멸이나 영원성으로 나아가려고 시도하기 위해 많은 노력을 기울여야 한다.

　게다가 나는 지금 이 순간의 정확한 역사적 날짜도, 물질과 정신이 생겨난 때가 언제인지도 알지 못한다. 또 나는 이 순간의 나이가 얼마인지도 모른다. 우주의 변화 상태에 대해, 살아 움직이는 이 세계의 상태와 인류의 상태에 대한 이 부정확성 때문에 나는 아주 철저히 이 의문에, 미완 혹은 상대성에 복종하게 된다. 그러므로 단 한번으로 모든 것들에

대한 가치 있는 진실을 진술하는 것이 문제가 아니라, 어제
와 오늘의 현실에 충실한 행동을 하려고 노력하는 것이 문
제이다. 이 행동은 훨씬 지속적인, 그러나 훨씬 상처는 적은
내재성과 집중·조화가 풍부한 쪽으로 가는 길을 알려 준다
——내 안에, 나와 살아 있는 우주 사이에서, 나와 타인/타인
들 사이에서 내가 희망하는 것처럼 살아 숨쉬는 우주와 그
시간성을 존중할 때 이러한 행동이 가능하다면, 또 가능한
쪽으로 나아가고 있다면 말이다.

그리하여 나는 쇼펜하우어로 되돌아가 아직 완전히 다 이
해하지 못한 그의 저서에 기초한 몇 가지 질문들을 제기한
다. 그에 따르면, 나는 결국 아무것도 이해하지 못한 셈이다.
그리고 자신의 전체 행로에 정성을 쏟았지만, 그 행로의 일
부만이 받아들여진 것에 대한 저자의 역정을 이해한다. 하
지만 쇼펜하우어는 우리의 변화과정에서 대단한 진보는 없
다고 확신한다. 또 그는 인류가 인간 각자에게 그런 것처럼
자기 내부에 차이도, 변화도 없이 응축되었음을 주장한다.
그리하여 그의 저작 가운데 몇 개의 장들은 인간 행동의 모
든 것과 심지어 인간의 모든 진실, 더 나아가 그가 자기 자
신 안에 요약되어 있다고 주장하는 인간성을 제기한다.
　나는 디디에 레이몽이라는 프랑스 출판인이 주장하는 것
처럼, 그 책이 인간 행동의 이면을 전혀 다루지 않았다는 점
을 강조하기 위해서만 그의 《여성들에 대한 에세이》에 관심
을 기울이게 될 것이다. 그는 이 책에서 아주 일관된 입장을

발견한다. 나는 그 입장을 입증해 보겠다.

수많은 여성들이 지적 능력을 지니고 있지만 많은 남성들이 이 사실을 여전히 깨닫지 못하고 있었을 때, 이런 종류의 소책자, 기대 이상의 가치를 지니는 소책자를 출간하겠다는 생각이 한 출판인에게 생겼다는 사실만으로도 나는 놀란다. 이는 쇼펜하우어가 여러 가지 진실들 속에서 우리에게 제시하고 있는 것이 무엇인가를 분명하게 해준다. 즉 그것은 철학이 죽음과 관계 있다는 사실이다. 살면서 삶을 사고하는 한 철학자는 우리의 철학적 문화 속에서 선천적인 의혹을 받는다. 그리하여 《의지와 표상으로서의 세계》에서 〈죽음에 대하여, 그리고 죽음이 우리의 존재가 혼자서 파괴될 수 없다는 사실과 맺는 관계에 대하여〉라는 장이 시작된다. "죽음은 독특하게 철학적 영감을 고무시키는 특징 혹은 철학을 이끄는 '신'이고, 소크라테스는 철학을 타나투 멜레테(thanatou mélétè; 죽음에 대한 준비)라고도 규정하였다.(플라톤, 《파이돈》, 81a) 죽음이 없다면 아마도 철학도 없었을 것이다. 그리하여 여기, 우리 책들 가운데 최근 가장 심오하고, 가장 중요한 책의 서두에서 이 점에 관한 특별한 몇 가지를 고찰하는 것은 너무나 당연할 것이다."

결국 나는 〈사랑에 관한 형이상학〉, 〈허영에 대하여, 그리고 인생의 고통에 대하여〉, 〈자질의 세습〉, 〈사물이 그 자체로 인식될 수 있는 방법〉, 〈우리 자신의 깨달음 속에 있는 의지의 우월성에 관하여〉 같은 제목이 붙은 장들에서부터 출발할 것이다.

나는 본문을 그대로 참조하지는 않을 것이다. 나는 이런 장들과 보다 특별한 관계를 맺으면서 나의 분석을 구축했다. 이때 《시각과 색에 관하여》와 《자연 속의 의지에 관하여》 같은 책들이 배제되지 않는다. 이러한 책들의 독서는 이제 내가 초안을 세워 의문을 제기하고자 하는 쇼펜하우어에 대한 지금까지의 해석을 벗어나지 않았다.

쇼펜하우어 철학의 의도

내 생각에 쇼펜하우어의 형이상학은 **생물학적 유물론**으로 규정될 수 있다. 그가 말하는 의지는 영혼이나 육체 생성의 욕구에도, 개인화에도 일치하지 않는다. 그것은 종의 번식을 뜻하는 맹목적 표현이다. 쇼펜하우어에게 있어서 우리가 일반적으로 번식의 임무와 아이를 낳는 임무로 지칭하는 것은 남성의 가장 모호하고도 원초적인 열정과 결합한다. 엄밀히 말해서 남성의 열정인 것이다. 그에게 있어서 의지는 남성적이기 때문이다. 반면에 지적 능력은 여성적이다. 종의 번식은 그리하여 남성의 일이다. 하지만 이러한 열정, 혹은 역동성은 형이상학과 초월성의 실체와도 일치한다.

일반적으로 우리가 습득했던 것과는 대조적으로 쇼펜하우어에 따르면 형이상학은 형태와 규범, 그리고 감각과 물질을 점점 더 초월하는 관념들로 이루어진 상향적 조직 속에 위치하지 않는다. 그렇지 않다. 형이상학은 인간을 개별적인

차원에서 떼어 놓는 생식 염색체의 역동성 속에 있다. 나는
——쇼펜하우어는 확신한다——종족 번식이라는 나의 의지
를 통해 나로부터 벗어난다. 연인들 사이의 사랑은 번식을
위한 거스를 수 없는 매력을 나타낼 뿐이다. 그들의 고통과
신음은——쇼펜하우어는 그 기쁨에 대해서는 거의 말하지
않는다……——오로지 종족의 고통과 신음일 뿐이고, 어느
무엇도 이에 대항할 수 없다. 개인적 차원에서 연인들은 존
재하지 않고, 여기에서 남성과 여성은 동일한 가르침을 받는
다. 남성도 여성도 존재하지 않고 그들은 자연적 기능의 서
열에 따라서만 차별화된다. 여기에서 또한 기대할 수 있는
것과는 반대로 의지가 지적 능력보다 우세하다. 선배의 두
뇌가 새로 들어온 신참자의 두뇌보다 우월하다고 감히 말할
수 있을까? 이것은 전혀 정확하지도 확실하지도 않다. 하지
만 부득이 이 말이 암시하는 바를 이해해야 한다면, 쇼펜하
우어가 또 한 번 우리의 습관들을 해체시키고 있다는 것을
이해할 수는 있을 것이다. 우리는 여성들이 열정에 사로잡
히는 반면, 남성들은 지적이며 열정을 이겨낼 수 있다는 것
을 배웠다. 쇼펜하우어에게 있어서는 전혀 그렇지 않다. 하
지만 여자들이 쇼펜하우어의 주장에서 어떠한 가치를 인정
받는다고 생각한다면, 그들은 잘못 생각하는 것이다. 즉 지
적 능력은 의지로부터의 수동적 해방에 불과한 것이다. 이
의지의 아주 작은 자극만으로도 가치부여가 달라진다. 어떠
한 지적 능력도——대단한 능력을 가지고 있지 않은 남성들
의 지성도 마찬가지이다——의지에 저항할 수는 없다.

그리하여 쇼펜하우어의 형이상학은 재현할 수 있는 형식적 관념들, 완전히 인정된 신성한 우월성에 의해 행해진다. 또 타자에 대한 우월성은 그 이상 언급되지 않는다. 형이상학적 우월성은 종족 번식이라는 남성적 의지와 뒤섞여 있는 종의 특성 속에서 존재한다.

너무 성급하게 웃음을 터뜨리기 전에 쇼펜하우어가 말했던 것이 서구 대부분의 철학자들, 더 정확하게 말하자면 가부장제가 문화를 지배하던 특정 시기에서부터 시작된 철학적 담화들에서 쉽게 나타난다는 사실을 입증한다는 것에 동의해야 할 것이다. 다시 말해 쇼펜하우어는 환상의 기교로, 다소 능란하고 맹목적인 마야 문명으로 사물들 대부분이 은폐하던 것을 끝까지 밀고 나가 세상에 드러낸 것이 아닐까? 말하지 않고 깨닫지 않았지만 다른 사람들이 만들어 낸 사실, 즉 철학이 절대적인 가부장주의에 일치하고 죽음과 관계되어 있다는 사실을 쇼펜하우어는 아주 노골적으로 증언하고 있지 않은가?

그러나 한편으로는 적어도 쇼펜하우어에게 있어서 비관주의로 규정되는 것이, 최소한 수세기 동안 우리 문화권 안에 있는 형이상학이라는 기초적이고 근본적 진실을 규명한다는 점과 일치하지 않는가? 남성은 본질적으로 자기 자손의 번식을 원하고, 어떠한 것도 이를 막을 수는 없다. 여성의 지성마저도 말이다. 그리고 여성이 아이를 낳지 못할 때, 이 의지는 상상의 아이를 잉태하게 된다. 철학과 종교가 이 상상의 아이들이 된다. 종족 번식의 이러한 필연성은 남성들이 수호하는 종의 특성과 일치하게 된다.

그리하여 남성은 한 가지 특징, 번식 속에서, 번식을 통해 반드시 스스로를 초월해야 한다는 특징에 사로잡힌다. 쇼펜하우어는 종종 자연적 번식을 언급한다. 정신적 번식이 정신적 사실로 해석되지 않는 한, 나에게는 마치 정신적이라고 일컬어지는 번식도 동일한 욕구 안에 뿌리를 내리고 있는 것처럼 보인다. 쇼펜하우어는 그렇게 말한다. 니체는 매우 명확하게 이를 확신한다. 작품들이 곧 자기 아이들이라는 것이다.

그리하여 형이상학 자체는 쇼펜하우어에 의해 독특하게 전복되었다. 좀더 정확하게 말하자면 그 기초와 그 너머까지 파헤쳐졌다. 그의 역동성은 남성이라는 종자 안에 각인하고 싶은 욕구의 산물이다. 진리는 그다지 탁월한 것이 아니기 때문에 점잖게 입증되는 것이 아니라 독재적으로 입증된다. 혹은 이 우월성은 철학 자체에 맹목적인 마야인들의 작품이다. 정체가 드러난 진리는 정액에 관한 것이다. 만일 우리가 다른 언어로, 그리고 그 비밀에 관해 조금 이야기를 나누기 위해 반드시 철학적이지만은 않은 영역 속에서 이 진리를 환기하고자 한다면 정액의 로고스라고 할 수 있을 것이다.

쇼펜하우어에 관한 의문은 무엇보다도 순수하고 원론적이다. 그리고 진리 자체는 생물학적 사실에서 재출발하는 것에 관심을 가졌을 것이다. 쇼펜하우어에 의해 드러난 이 철학적 입장을 어떻게 해석해야 하는가? 쇼펜하우어 자신의 작품을 어떻게 해석해야 하는가? 그가 제기하는 것들과 다른 의미나 미래를 어떻게 이 작품에 부여할 수 있을까? 이는 그가 파괴하는 것을 어떻게 재건할 수 있을까라는 형식으로 표현될 수 있을 것이다.

성의 전망

두 개의 공간이 쇼펜하우어 철학의 주축, 혹은 전망으로 작용한다. 이 공간들은 서로에게 낯설다.

1) 자연적 측면에서 쇼펜하우어는 성의 차이를 생물학적으로 불명확하게 다루고 있다는 점이다. 예를 들어 그는 성(le genre)과 종(l'espèce)을 혼돈하고 있다.

2) 쇼펜하우어가 자신의 담화를 지지하기 위해 사용하지만 그가 입증한 진실과 의지에 모순되는 힌두교 전통은, 결코 육체와도 소우주와 대우주인 자연과도 동떨어져 있지 않다. 자신의 인간적 임무를 철저히 이행하면서 불멸, 혹은 영원성이라는 행복을 얻기 위해 수련하는 것이 중요하기 때문이다.

내 생각에 두 입장——인도 전통의 입장과 성차의 문화적 위상에 의문을 제기하는 입장——은 '중세 말기 이후 나타난 힌두교가 매우 강력한 토착적 힘을 지니면서' 인도-유럽 문화와 아리아인 이전의 토착 아시아 문화의 '통합을 대표하는 한'[1] 서로 연관되어 있다. 힌두교 문화들은 가부장제라는 제국과 그 체계에 저항했을 것이다. 즉 공간들, 영토와 자기들의 식물·양식들을 방어함으로, 또 구체적인 모습으로는 생명에 더욱 충실하고 감각적이며 신비스런 차원에 있는 그들의 종교에 훨씬 충실한 모성적이고 여성적인 전통을 존중함으로 유목민의, 방랑의, 천상의, 대기의 체계에 저항했을 것이다. 지속적으로 가부장제에 속해 왔던 인도-유럽적 산물은 의식주의와 철학적·종교적 사유 작용 속에 다른 여러 가지를 끌어들인다.

여성적 전통들의 이러한 면모에 힘입어 인도는 가부장제 이전의 문화적 흔적들을 보유해 왔다. 또한 우리가 망각해 버린 몇 가지 문화적 단계들을 발전시키기도 했다. 인도에서 신들은 남성들과 여성들로 고루 이루어지고, 이들은 우주적 차원의 세계를 함께 창조한다. 비슈누[2]나 시바의 남신

---

1) 이 부분에 대해서는 머시아 엘리아데의 책 《파탄잘리와 요가》의 한 부분인 〈정신적 스승들〉을 참조하라, 쇠이유출판사, p.176.

인도에서 인도-유럽 문화들은 토착 아시아 문화를 약화시키거나 소멸시키지 않았다. 그렇기 때문에 여성적 전통에 훨씬 가까운 가부장제 이전의 수많은 문화 요소들이, 부권의 지배를 부추기는 아리안 역사의 사실들과 가부장적 경제적 특징들에도 불구하고 여전히 남아 있다.

불교 경전이 논리적 정교함보다 물리적 움직임에 대한 명상을, 특히 부처의 우주적 호흡을 브라마의 육화와 유한과 무한의 경계선에서 행해진 그의 행위들과 인간과 신, 기본에 관한 이야기 등을 담고 있다는 점은 나에게 토착 문화를 존중하기 위해 신중하게 숙고된 결정처럼 보인다. '힌두'라는 용어를 사용할 때에도 마찬가지이다.

사실 '힌두 사상'이라는 말은, 아리아인 이전의 토착적 전통을 남기기 위한 방식으로 '지상에서의 종교적 승리'라는 말을 뜻하기 위해 종종 사용되었다. (머시아 엘리아데, *ibid.*, p.176.)

과, 그들이 사랑한 여신들로 이루어진 성스러운 이 커플들은 대우주와 지속적이고 조직적인 관계를 맺는 소우주들이다. 탄트라 경전을 숭배하는 힌두교도들에게도 이는 마찬가지이다. 이 커플들의 모습은 보통 아이 없이 그려진다. 그들은 연인들, 우주의 연인들이다.

이처럼 우리는 쇼펜하우어의 종의 특징과는 멀리 떨어져 있다. 이처럼 우리는 성차를 인정하는 철학·지식, 혹은 종교에 가깝다. 그리고 인도는 아마 이러한 성차가 나타나거나 현존하는 많은 장소들 가운데 하나일 것이다.

그러나 쇼펜하우어는 인도의 어떠한 면을 말하고 있는가? 서구 철학에서 인도가 나타났을 때 어떻게 제시되었는가? 베다, 요가, 만트라, 인도의 경전들이나 예술 분야의 몇몇 전문가들이 아니라면 힌두교 전통의 대부분이 낯설다. 하지만 이들이야말로 가장 자주 서구의 철학적 전통을 오해하고, 이 두 전통들 사이의 변천이 가능하다는 것을 믿지 않는다. 그들이 이러한 믿음을 갖지 못하고 이러한 믿음을 꺼리는 한 말이다. 그럼에도 불구하고 힌두 사상을 정확하게 해석할 유일한 기회는 인도 남성들, 혹은 인도 여성들에게 있다. 왜냐하면 인도의 힌두 문화는 이론과 실제를 특히 애정관계에서 분리하지 않기 때문이다. 그리고 우리가 능숙한 연습을 한 후에 접근하지 않는다면 우리에게는 자칫 잘못 해석할 위험이 매우 짙다. 이러한 오해는 쇼펜하우어의 예에서 존

---

2) 해결책이라면 선택된 인도어의 생김새가 프랑스어 발음과 매우 흡사하다는 것이다.

재하는 듯하다. 그가 인도 전통의 몇 가지 요소들을 지지하긴 했으나, 우리에게 거의 생소할 정도로 완벽하게 이해된 그 틀로부터 이 요소들을 탈피시키면서 변질시키지 않았는가? 나는 이에 관련된 몇 가지 예들인 1) 직접적 의미로서의 시간성, 2) 철학의 수련, 3) 삶의 고통과 기쁨에 대한 해석, 4) 삶의 의지와 관련된 의도, 5) 개인화의 문제, 6) 인식 상태의 문제 등을 제시하고자 한다.

아르투어 쇼펜하우어의 자기 논리의 난점들

1) 인도에서 시간·시간성은 오직 인류에게만 나타나는 특징일 수는 없다. 이 자기 논리적이고 자기 중심적 열정은 인도의 다양한 전통들에게 낯설다. 인간은 결코 중심에 있지 않지만, 쇼펜하우어의 주장대로 동물처럼 '……보다 미천한' '……보다 훨씬 못한' 것도 아니다. 인간은 존재하고, 그가 있는 한 그는 대- 혹은 소-우주적 시간성을 위해 존재해야만 한다. 베다 경전들, 우파니샤드 경전들, 요가는 순간에서 불멸 혹은 영원성으로 분절할 수 있다는 확신을 주된 기능으로 삼는다. 어떤 경우에는 특정한 날들과 계절들, 특정한 연도에 관계된 의식들, 여러 종파들 가운데에서 브라만 종파에 의해 거행되는 의식들을 통해 대우주라는 단위를 구축하고 창조하는 것이 특히 중요하다. 또 어떤 경우에는 통일성이나 불멸, 게다가 특히 요가와 우파니샤드에 힘입은 호

흡 통제로 개인의 영원성 실현이 강조되기도 한다.[3] 인도 전통에 있어서 어떠한 것도 번식이라는 형이상학적 표현보다 더 낯설지 않다. 이 표현은 삶이 행복을 가져다 준다면 이 삶을 존중해야 한다는 서구의 해석에 그칠 수 있다. 하지만 인도의 전통은 다르다. 그리하여 베다의 신들과 브라만들, 요가 수행자들은 우주적 생명을 유지하고 우주적 자연인 개인의 육체적 생명을 유지하는 것에 몰두한다. 그들은 매순간 이 일에 몰입한다. 그들의 과제는 현재와 불멸, 혹은 영원성 사이의 연속성을 분절시키는 것이다. 이에 관해 내가 제기하려는 문제는 다음과 같다. 왜 현재의 시간은 불연속적인 것으로 감지되는가? 혹은 이 현재는 무엇에서부터, 혹은 언제부터 시작되는가? 누구에 의해 시작되는가? 나는 결국 이 질문에 귀착할 것이다. 나는 인도의 전통과는 대조적인 쇼펜하우어에 따른 삶의 시간은 종의 추상적인 생존 그 이상이 아님을 강조하고 싶다. 그리고 이 종의 원인은 내가 출생하기 이전, 혹은 내가 죽은 후에 있다. 현재가 미리 정해진 어떤 틀이 아니라면, 그것은 내 의지를 벗어나면서 동시에 내 의지를 결정하는 두 순간 사이에 수동적으로 존재하는 불행한 시간성 이외에는 아무것도 아니다. 쇼펜하우어에게는 현재도 현존도 없다. 인도의 신들과 브라만들·요가 수행자들은 이와 반대로 현재 속에 있거나, 현재에서 출발하여 우주와 자신을 위한 불멸과 영원성의 구축을 통해 파열

---

3) 릴리안 실번, 《순간과 원인》, 브렝출판사, 1955, 재출간, 드 보카르출판사, 1989.

된 우주적 시간을 회복하고 재확립할 방법을 추구한다.

　2) 나는 이것을 사변적으로 표현하려고 노력할 것이다. 이것을 효과적으로 이해하고, 더 나아가 실현하기 위해서는, 실행하고 행동해야 한다. 그렇다고 이것이 다소 이를 수 없거나, 비밀스런 몇몇 영역들에 호소하거나 입문해야 함을 의미하는 것은 아니다. 분명 그 영역, 혹은 입문이 포함된 수련을 습득해야만 한다. 우리 문화권의 철학이나 문법에서도 이는 마찬가지이다. 내가 나타내고자 하였던 것, 그것은 현재·시간성·순간과 불멸 혹은 영원성 사이의 관계는 **행위**로 구축되는 것이지, 단지 말이나 논리적이고 문법적인 관습, 이미 정해진 의미, 선험적인 것들로 이루어지지 않는다는 것이다. 예를 들어 브라만 승려들과 요가 수행자들이 실현하는 행동들은, 흔히 우리가 이해하고자 하는 의미로 제의화되지는 않는다. 그리하여 이 행동들이 단순히 반복되는 것은 아니다. 이 행동들은 제대로 이루어지고, 잘 분절되고 잘 분절할 경우에만 그들이 목적한 효과——현재와 과거·미래 사이의 전이라는——를 얻는다. 그리하여 이 행동들은 매일 달라진다. 현재의 시간이 한 날에서 다른 날로 바뀌기 때문이다. 우리가 의식주의, 혹은 지긋지긋한 고행으로 해석할 수 있는 것이 이 수행자들에게는 육체를 우주로, 순간을 지속성으로 연결하기 위한 행동과 몸짓의 완성을 뜻한다. 그들의 목적은 시간의 불연속성을 극복하여 충만·불멸의 상태에 이르는 것이다. 또 그들은 일상의 수련을 행하여 자신과 세계의 행복에 기여한다. 왜 일상적이어야 하는가? 하루

가 측정의 단위이기 때문이다. 계절은 또 다른 단위이고, 해(année)도 마찬가지이다.

우리는 인도에 관련된 이 담화를 듣는 것에 그리 익숙지 않다. 왜냐하면 특히 그리스인들의 황금기 이후 우리의 전통은 소우주와 대우주 사이의 연속성을 단절시켰기 때문이다. 서양의 전통에서 철학·종교(1년이라는 시간을 기념하는 의식은 예외인가?)·언어·진보 등은, 우주적·생물학적 뿌리로부터 단절된 사회학적 주제의 산물이 되었다. 다시 말해 과학·지식은 일반적으로 개인의 사회적 위상에 관련된 것이지 소우주와 대우주 사이, 육체와 우주 사이, 물리적 시간과 영적 시간 사이, 현재와 영원 사이 등의 분절과는 관계가 없다. 우리가 형이상학이라고 부르는 것은 부정적인 흐름에서는 육체와 우주의 무분별한 희생에 일치하는데, 이 희생은 **현재의 행동**을 벗어나 이미 약속된, 또 약속될 수 있는 지식 속에, 그리고 모든 시간과 공간에서 가치 있는 진실 속에 있다.

이 희생은 성적 차이의 신성함을 실추시키고, 여성적 종교의 전통 파괴, 어머니와 딸 사이, 여성들 사이의 문화적·종교적 관계들의 파괴를 수반한다. 이는 오로지 남성이라는 혈통을 위함이다.

이렇게 입증된 실제 양상이 민주주의의 기초이다. 이 민주주의의 확립을 위해 사용된 파괴적 방식들을 아주 엄격하게 점검해야 한다고 나는 생각한다. 사실 민주주의는 오로지 남성들 사이에서만 행해지는 공권력을 시민적·종교적 질서의 관리하에서 모든 인간 존재들이 참여하게 되는 사회성으로 대치하는 것이다.

오로지 남성들만이 권력을 행사하고, 도시의 책임자들을 뽑는 민주주의는 처음부터 민주적이지 않았다. 우리는 민주주의가 파괴적으로 타락해 가는 양상들을, 그 난점들을 끊임없이 주시해 왔다. 기본적이고 기본이 될 만한 민주주의에 대한 담화들과 실제 벌어지는 행위들 사이에 일어나는 불화 속에서, 또 처음에 약속되었던 진실과 이 시대가 요구하는 것들 사이의 이격(離隔) 속에서 말이다.

3) 인도에서, 적어도 전통에 따르자면 말은 특히 발성을 이용한 행위이고, 여기에서 행동과 움직임은 분리될 수 없다. 우리는 육체에 대한 진실, 성적 구별에 대한 진실, 대우주에 대한 진실과의 관계에 작용하는 가부장적 검열과 억압 때문에 이러한 사실을 잊고 있었다. 특히 부처·불교는 니힐리스트적 비관주의라는 의미로 이해되어 이따금씩 인도 전통에 대한 망각과 오해를 불러일으킨다. 부처가 현재를 뛰어넘고, 현재에서 벗어나기 위해 현재를 향하지 않는다는 것은 사실이다. 그렇다고 해서 이 사실이 현재와 인생에 대한 부정적 판단을 함축하는 것은 아니다. 오히려 그 반대이다. 부처에게 있어서 버림은 연속성과 조화로 다가가는 방식으로 나타난다. 그에게 있어서 버림을 연습하는 것은 불멸, 혹은 영원성이라는 가설 때문에 자신을 희생하는 것이 아니라 지금 여기에서 그것들을 실현함을 의미한다. 이러한 작용은 부처의 가르침을 해석하는 과정에서 일어나는 서구인들의 또 다

른 오류인 순수 사변적 방식으로만 이루어질 수 없다. 부처는 살아 있는 우주, 특히 식물적 우주의 조직과 결코 동떨어져 있지 않다. 만일 그가 버린다면——적어도 우리의 시각에서——그것은 욕망의 대상들, 내 주관적 욕구에 관여하는 객관적 상관물들이 우주적 호흡과의 조화를 가로막기 때문이다. 이 욕망의 대상들은 나를 파괴한다. 부처의 고행은 나에게는 대우주의 호흡과 지속적으로 결합하려는 것처럼 보인다. 유동성과 유사한 상태에 이르기 위해 부처는 대상과 더 나아가 담화의 정확성·불연속성을 버린다. 그는 우리가 망각한 방식을 기반으로 순수 주체가 되려고 한다. 즉 여기에서 말하는 이 순수 주체라 함은 살아 있는 전체 우주의 호흡에 일치하는 호흡을 말한다. 만일 삶의 고통이 있다면, 그것은 우주적이고 지속적인 의사소통, 혹은 일치의 실현이 어렵기 때문이다. 그렇다고 죽음을 희구하는 것은 아니다. 왜냐하면 죽음이 호흡에 대한 가르침, 호흡으로서의 주체에 대한 가르침 이전에 일어난다면, 이것은 모든 것이 다시 시작되고 더 힘들어지는 뒤로의 역행을 일으키기 때문이다……

하지만 부처는 베다의 신들, 브라만 승려들, 우파니샤드들, 요가 같은 것들이 없다면 이해될 수 없다. 만일 우리가 그가 깨달음을 얻었던 공간들과 시간들로부터 부처를 무절제하게 연역해 낸다면 우리는 그의 고행, 그의 진실이라는 추상적인 산물을 만들어 낼 뿐이다. 만일 우리가 그의 행위는 망각하고——서구의 논쟁을 비난하기 위해 부처를 이용하는 경우를 포함해서——그를 경전으로만 축소할 때에도 역시 우

리는 그를 잘못 해석하게 된다. 그는 말하는 것마저 포기한
다. 아마도 말을 한다는 것이 호흡하는 것과 조화되기가 어
렵기 때문이고——노래와 시로 표현하는 경우는 예외일까?
——말하는 행위가 불연속성을 유발하기 때문일 것이다. 게
다가 말을 한다는 것은 일반적으로 말의 대상을 가정한다.
그런데 부처는 일체의 대상을 포기한다. 대상이란 항상 부분
적이고 비절대적이며, 갈등과 고통을 만들어 내기 때문이다.
　4) 다시 한 번 강조하건대, 대상을 버린다는 것이 삶을 포
기하는 것을 의미하지는 않는다. 대부분의 인도 전통에서(이
대부분의 전통들은 오로지 시간만을 문제삼는 사상의 변화에
일치한다) 삶의 시간은 내 삶을 가꾸는 시간에 일치한다. 이
것은 우주적 문화와 조화를 이루는 삶이다. 철학들 그리고/
혹은 종교들은 인도에서 고행으로 나타나는데, 이 고행의
의도는 삶을 방해하는 것을 포기함으로써 가능해지는 최고
의 행복을 누리며 사는 것이다. 특히 살아 있는 우주, 그 과
거와 현재·미래와의 조화 속에서 말이다. 이러한 고행들은
여러 가지들 가운데, 그리고 원칙적으로 자신과 지금 이 세
계의 불멸 혹은 영원성의 실현을 목적으로 삼는다. 인도 전
통의 철학적·종교적 고행들이 갖는 이러한 의미는 대부분
이해되지 못한다. 삶의 시간과 관련된 것, 이 현실 세계의
불멸성이나 영원성이라는 절대적 행복에 이르려는 조화에
관해서 특히 그러하다. 해탈은 불행의 중단, 진실의 **부분적**
특징과 연관 있는 환상의 중단을 목적으로 삼는다. 우리가
종종 보듯이, 우리가 상상할 수 있는 것처럼 이 철학적이고

종교적인 고행에 아무런 의도가 없는 것은 아니다. 반대로 이러한 고행들은 그 효과에 따라 변화된다. 그러나 그들의 의도는 우리가 일반적으로 이 말에 부여하는 것과는 매우 다른 의미로 해석되어야만 한다. 여기에서의 의도는 소속·소비, 혹은 소유를 위한 눈에 보이는 대상 또는 계획을 목적으로 삼지 않는다. 이 의도의 목적은 모든 사람들과 연결된, 지속적으로 일치를 이루는 완성된 내면을 구축하는 것이다. 만일 무엇이 문제인가를 포착하는 것이 어렵다면, 명상하는 부처의 몇 가지 모습들을 주시해 봄으로써 부처가 의도하는 본질의 무언가가 전달될 수 있을 것이다.

5) 인도 전통의 이러한 몇 가지 요소들은 쇼펜하우어가 완성한 매우 다양한 방법들과 유사한 것 같다. 그러나 나는 그가 이 문화에 대해서 인용하는 것과 관련 있는 것들을 선택했다. 예를 들자면 나는 비슈누·크리슈나·시바와 그들의 사랑에 대해 이야기하지 않았다. 그렇지만 이 철학적-종교적 표현들이 민중의 고행들은 물론 브라만교의 몇 가지 고행들과, 오늘날 인도의 요가 수행자들의 고행들 속에 있는 다른 표현들보다 덜 중요한 것은 아니다. 이 표현들이 여성적이고 토착적인 문화에 훨씬 근접해 있기 때문에 이 서양 철학자에게는 부처보다 이러한 표현들이 훨씬 생소하다. 그러나 쇼펜하우어가 힌두교의 전통으로부터 정리했던 것에서 이미 몇 가지 오해가 뚜렷이 나타난다.

——이 문화에서 개인을 종에 희생시키는 것은 문제가 될 수 없다. 여기에서 살아 있는 것——인간·동물·식물·우

주의 성분——은 매우 가치 있는 존재로 존중된다. 게다가 힌두교도들은 번식을 전혀 숭배하지 않는다. 그들이 이루는 사랑하는 사이의 남녀는 생명체의 질서를 생각하여 보통 두 자녀들을 낳는다. 그들은 두 사람이고 두 아이들을 낳는다. 이것이 유한적이지만 영원히 유지되는 현세에 대한 그들의 공헌이다. 결국 힌두교도들은 육체의, 자기 자신의 개인화를 추구할 뿐 에고의 개인화를 추구하지는 않는다. 그런데 쇼 펜하우어가 말하는 종의 특성은 사실 자기 논리적 세계에 속해 있는 것이 아닌가?

——인도의 전통에 따르면, 종이라 함은 하나의 성으로 귀결될 수 없고, 인간이라는 종의 특성이 남성으로 귀결될 수도 없다. 신들 가운데 가장 최고의 신인 비슈누를 포함한 인도의 신들은 자기들이 사랑하는 여인들과 함께 우주를 창조한다. 소우주와 대우주를 만드는 것은 그들의 사랑이고, 반대로 이것들이 파괴되는 것은 그들의 사랑이 실패로 돌아가기 때문이다. 이 둘은 쌍으로, 서로 얽힌 채로, 우주의 요소들과 관계를 맺고 있는 것으로 표현된다. 이 우주의 요소들은 외적으로 드러나지만 육체의 일부와 연관되어 있다. 비슈누는 자주 물 속에 발을 담그고, 시바는 손에 불을 들고 있는 것처럼 말이다.

분명 인도에서 토착적 여성 문화와 가부장적 아리아인 문화들 사이에는 긴장감이 있다. 서구의 철학이 인도 전통 가운데 흔히 가장 아리안적 요소들만을 착복한다는 것은 중요한 사실이다. 남성들 사이에서 진행중인 이 오류를 변화시

키는 대신, 인도에서 아직까지 생생하게 남아 있는 가부장
제 이전의 문화들을 희생시키는 남성들의 선택이 늘 문제라
는 것을 이해하는 편이 훨씬 유용해 보일 것이다. 만일 우리
가 남성들 사이에서 벌어지는 이론적이고 정치적인 논쟁들
에 머물고 만다면, 어떠한 것도 갈등에서 벗어나는 일에 도
움이 되지 못한다. 그것들이 아무리 치명적인 갈등이라 해도
말이다. 여기에서 인도의 가부장제 이전의 문화들이 오늘날
까지도 현실적으로 존재한다는 사실을 드러내는 제3의 중재
자는 없다.

6) 그리하여 서구의 몇몇 지성들이 매우 탁월한 중성적 공
간으로 주목한 브라마(힌두교의 창조신)는, 커플을 이루는
다른 신들과 관련된 그의 위치로만 확인될 수 있다. 특히 구
체적인 지형 속에서 말이다. 브라마는 정상을 차지한다. 그
는 아마도 시바와 우마 파르바티의 자식으로 성스러운 혈통
에서 가장 마지막에 태어났을 것이다. 그러나:

──브라마는 흔히 아이처럼 형상화된다. (크리슈나와 예
수도 마찬가지이다.) 남성적 지능이 탁월하고 여성의 육체에
자신의 권위를 부여하는 존재로서 우리에게 제시되어 왔던
으뜸 신들은, 역사가 가부장제로 변해 감에 따라 남자아이
들처럼 형상화된다. 하지만 그들은 아이들, 혹은 청소년들이
다. 종교적 말씀 속의 신들은 완성된 형태, 특히 인간적이고
성적인 형태를 완성할 수 없었을 것이다. 그들은 여전히 아
이들이고, 성적으로는 거의 규정되지 않는다. (크리슈나는 매
우 여성적인 면모를 지니고, 예수는 이따금씩 남자들 가운데서

가장 여성적인 존재처럼 규정된다.)

——브라마는 또한 다른 식물·동물계(界)와 인류의 혼종처럼 나타나기도 한다. 그리하여 그는 자주 꽃처럼, 연꽃에서 태어난 것처럼 생각되어지기도 한다. 이 점에 관해서는 식물의 번식 방식을 쇼펜하우어에게 상기시키는 것이 좋을 터이다. 이 번식 방식은 비자발적이고, 다른 종들이나 다른 계들, 즉 나비들과 곤충들 혹은 바람에게 달려 있다.

——브라마는 인도 전통의 대부분의 고행자들처럼 새 한 마리를 데리고 다닌다. (하느님 아버지와 그 외아들 사이, 마리아와 예수 사이에서도 성령은 이렇게 표현된다.)

——브라마는 자연적 요소들, 특히 바람을 싫어한다. 바람의 신인 바유가 그를 위협할 때, 그는 어린 풀숲 사이로 몸을 피한다. 그리고 거기에서 그는 뿌리를 내린다. 그는 더 이상 싸우지 않는다. 그는 자신의 높은 자리를 버린다. 그는 땅으로 되돌아온다. (바람은 성령의 또 다른 속성이다.)

——브라마는 여러 가지 의문을 제기한다. 그의 재능은 완전한 앎에 있는 것이 아니라 더 많은 질문을 제기할 수 있다는 것이다. 확실성 속에 있지 않은 브라마는 늘 의문 속에 있다. 브라마는 어떠한 경우에서도 자기 상황에서 끌어낼 수 있는 보편적이고 중성적인 존재로, 우주로부터 끌어낼 수 있는 추상적 존재로 나타나지 않는다——중성적이기 때문에 보편화시킬 수 있는 추상화로 나타나지 않는다. 브라마는 이미 존재하는 것을 뛰어넘는 질문을 던질 수 있는 능력을 통해서만 존재한다. 왜냐하면 그는 변화를, 특히 공기

와 하늘 사이에서 일어나는 변화를 믿기 때문이다. 브라마의 재능은 질문을 제기하는 기술이지 완벽한 체계를 완성하는 기술이 아니다. 이 점에서 브라마는 자연적 증가라는 시간성에 충실한데, 인도에서 행해지는 고행의 가장 많은 부분이 이 자연적 증가로부터 분리될 수 없다. 분명 브라마는 땅과 하늘이 연결되어 있다고 확신하고, 이러한 중재는 구체적으로 나타난다. 그것은 아이, 꽃, 어린 풀, 우주의 성분이다. 또 이 중재는 새를 통해 동물의 세계와도 연결된다. 이 중재는 대우주계, 특히 호흡의 의지에 순종한다. 더 나아가 이러한 중재는 항상 진행중이고, 늘 의문의 형태를 띤다. 브라마에 따르면, 이러한 중재는 결코 일회적으로 일어날 수는 없다. 의지와 지성은 끊임없는 증가와 상호 작용 속에 있다. 브라마는 공기가 영적 기운으로 변화한다고 확신하고자 한다. 그는 질문이라는 중재를 통해서만 이에 이를 수 있다. 그의 의지가 지성을 능가할 때 바유는 분개한다. 브라마는 어린 풀, 식물로 되돌아가 자신의 생명을, 삶과 지성을 구해야 한다.

종의 특성과 힌두교의 전통

쇼펜하우어에 따르면, 그가 모든 사람들, 여성과 남성 모두에게 소위 가치 있다는 우회적 진실에게 이로운 생리학을 잊지 않는 한, 종의 특성은 인도의 전통과 관계 있다. 그러나 그는 이 생물학, 혹은 생리학의 일부만을 다룬다. 사실이 진실을 그르치고 있는 것이다.

쇼펜하우어가 인간의 개인화에 관련된 사실에 대해 얼마만큼 비관적인가에 따라서 종의 특성은 힌두교 이전의 산물이다——만일 이렇게 말할 수 있다면 말이다——이는 특히 다음의 두 가지 사항으로 부각된다.

——쇼펜하우어에 따르면, 인간의 변화가 동물의 변화보다 매우 월등하게 훌륭한 것은 아니다. 그러나 생명의 모든 구현을 존중하는 인도인이라 해도, 이들이 생명의 모든 구현을 동일한 차원에 두는 것은 아니다. 왜냐하면 **우리가 남성, 혹은 여성인 한 신이 되어야 하기** 때문이다. 이러한 변화에는 여러 단계들과, 특히 육체의 여러 부분들이 점진적으로 영적인 변화를 겪게 되는 시간성이 있다. 이 시간성은 혼자, 혹은 쌍을 이루는 노련한 수행자와 더불어 실현될 수 있다. 여기에는 항상 고독한 상태로 있는 변화의 부분, 개인화에 관계 있는 부분이 있다.

——쇼펜하우어에게 있어서 육체는 영적으로 변화하지 않는다. 내게는 이 결핍이 고통을 피할 수 없다는 인상, 여성에 대한 경멸, 죽음과의 관계, 지나친 열정들(예를 들면 괴테와 주고받은 서신들에서 드러난)과 어깨를 나란히 하는 것처럼 보인다. 분명 쇼펜하우어는 확신할 수 없었을 것이다. 그는 우월성을 확립하려고 애쓰지만 종으로서 인류의 우월성 이외의 다른 어떤 것도 발견하지 않는다. 그는 내재적 요소인 우월성을 인도인의 방식으로 추구한다. 이를 위해 개인

화와 모든 형태의 영적 변화들을 희생시켜야 한다. 나는 쇼펜하우어가 인도인의 전통들, 즉 신성함이 다가갈 수 없는 우월성 속에 위치하지 않는 전통들을 습득할 수 있었으리라고 생각한다. 이 신성함은 내가 되는 것, 내가 창조하는 것이다. 나는 내재성과 우월성 사이에서 신(들)이 되고, 또 신(들)을 만들어 낸다. 내재성과 우월성 사이의 이러한 결렬은 다음과 같은 사실들로 인해 일어나는 것 같다. 1) 자연적 우주에 대해 전능한 로고스로서의 신성함이 구축된다. 비록 이 신성함이 우주 역사의 한순간에, 오로지 이 우주의 일부에 의해 만들어진다 해도 말이다. 2) 남성과 여성은 매일 소우주에서 대우주로, 유한적 존재에서 무한적 존재로, 찢겨짐으로부터 통합으로의 변화를 실현해야 한다는 불안으로부터 해방된다. 3) 물질적이고 영적인 차원에서 지속적으로 이루어졌던 이 세상의 세대들이, 마치 남성처럼 지칭된 유일신이 언젠가는 완성하게 될 총체성의 창출로 교체되었다.

쇼펜하우어의 잘못된 인식, 즉 동물 상태로의 역행이 아닌 인류의 완성은 두 성의 구분을 통해서만 이루어질 수 있다는 인식에 따라 종의 특징은 여전히 힌두교 이전의 사실로 남을 것이다. 여기에서 두 성이라 함은 남성들과 여성들(어머니와 아들로서만이 아니라)이고, 이들의 사랑은 육체적이면서 동시에 정신적이다.

쇼펜하우어는 인류의 불멸성을 의심하는 것 같다. 이러한 불확실성이 형이상학적 의지로 변형되었지만, 이것이 사랑 자체를 외면하고 월등히 뛰어날 수도 있는 여성을 외면하는 남성적 표현, 즉 번식의 의지에서 비롯되는 것은 아니다.

삶의 시간에 필요한 계층들

인류의 한 종류인 여성의 이 우월성은 식물과 꽃 같은 식물계의 시간에, 새를 통한 동물계에, 땅과 물·바람을 통한 우주적 조직에 속한다. 아리스토텔레스가 여성을 기껏해야 식물의 세계에 두고, 더 심한 경우 카오스와 공허함에 두었다면 이는 우연이 아니다. 그러나 가장 사변적인 것과 식물적인 것과의 관계, 브라만의 신이 여전히 입증하는 가장 식물적인 것이 가장 사변적인 것과 맺는 관계, 그리고——그리스어로——숲(ulè), 역동성(dunamis), 형상(morphè)이 서로 구분될 수 없는 것으로 확인되는 이 관계 자체는 우리에게 낯선 것이 되었다. 이 철학자의 관심 대상인 죽음은, 아마도 물질의 증가와 만개(滿開)가 중단된다는 징후였을 것이다. 특히 여성은 자기 본질에 대해 주체성을 결핍하고 있다는 사실 때문에 이 징후의 희생자이다.

서양 철학에서 이 세계를 살아 있는 세계로 보는 사상은 남아 있지 않다. 그리고 성적 차이에 대한 사상 역시 마찬가지이다. 로고스는 우주를 표현하는 것으로, 그리고 신들을 포함한 존재 자체를 이해하는 것으로 여겨진다. 이는 진실을 선험적으로 불변적이고 고정된 것으로 이해해 왔다. 결단코 진실이란 소멸되지 말아야 하고, 영원해야만 한다. 즉 사상이나 신들에 관한 진실은 소멸되지 말아야 하고, 하느님 아버지에 관한 진실은 영원해야만 한다.

그리하여 시간 구성에 필수적인 다양한 지층들은 다음과 같이 소멸된다.

1) 삶의 시간은 한편으로는 늘 순환적이다. 마치 계절과 식물 세계나 생장 세계에서의 시간처럼 말이다. 그런데 쇼펜하우어의 철학은 삶의 시간과 관련된 선택이 거의 무의식적으로 이루어진다는 사실을 간과한 채 유동성·영원성, 혹은 순환성의 철학과 분리된다.

마찬가지로 여성성의 순환적 특징은 진실을 주장하는 자들에 의해서는 거의 평가되지 않는다. 달과 지구의 순환 같은 특징에 대해서처럼 말이다. 그리고 남성성에 관련된 모델들은 남성의 에너지가 확고부동한 것이라고 하면서도 인간의 정지 상태로 복귀될 수 있는 것으로 규정한다.

2) 삶의 시간은 한편으로 **팽창적**이다. 식물은 순환적이고 팽창적인 것에 관계한다. 그러나 삶의 변천은 결정적인 형태들로 고정되어 왔다. 그것은 비교의 형태, 가치의 단계 등등의 형태로 모습을 다시 드러낸다.

3) 삶의 시간은 **번복할 수 없다.** 이 사실은 한편으로는 서구 철학들이 거부한 것이기도 하다.

4) 삶의 시간은 관습과 사회 조직들, 즉 생생한 현실에 대한 사회학적 투사의 결과가 되어 버렸다.

a. 가부장적 혈통 질서에 대한 순종이 자연적인 번식, 즉 우주적이거나 모성적인 번식을 대신하게 되었다.

b. 인간들 사이에서 이들의 사회·정치적 조직들은——이
는 사실 인간들 가운데 남성들을 의미한다——희생제의에
서 비롯되지 우주적 리듬에서 비롯되는 것은 아니다.

c. 전체적으로 인류의 번식이 살아 있는 세계의 변천을 대
신하게 되었다.

d. 역사를 복구한다는 것은 단순히 인간의 시간을 누적한다
는 것이지, 결코 시간을 발전시키는 것이 아니다. 이것은 무
질서와 엔트로피·혼란을 유발할 뿐이다.

삶의 시간은 생동하는 세계와의 관계를 상실한 남성의 제
2의(혹은 이중적) 본성에 근거한 사회학적 시간이 되어 버렸
다. 여성들은 남성들을 수호자로 생각했지만 남성들은 자연
적 기체도 없는 보편화 작업, 그렇지 않으면 자의적이고 인
간성의 일부로만 이루어진 보편화 작업에 몰두한다. 이 인
위적이고 조각난 시간성을 보장하는 것, 이것은 특히 동일
성과 유사성의 원칙에 근거하는, 제2의 본성이라고 할 수 있
는 비모순성의 원칙에 근거하는 논리적 구조물들이다. 여기
에서 두 양극은 더 이상 낮과 밤, 계절들, 삶의 나이들이 아
니라 기껏해야 참과 거짓, 영혼의 밝음과 어둠, 이론적인 낮
과 밤의 동요이다.

이러한 간격과 동요에는 우리가 이루는 우주의 추가, 특히
우리가 귀기울일 추가 더 이상 없다. 이것을 부처(깨달은 이)
는 알았고,——아마도 모든 보리살타(菩提薩埵, Bodhisattva;
깨달은 중생)들도 알았을 것이다. 나무 밑에서 명상하면서,
자신의 감각을 영적으로 변화시키면서, 연민을 버리고 입문

하면서 그는 이것을 깨달아야 했다.

인도 전통의 작용——그러나 단지 인도의 전통만은 아니다——게다가 현세에서 불멸 혹은 영원성으로의 전이는 육체를 무겁게 하는 것, 혹은 가볍게 하는 것에 관련된 질문이다. 이러한 질문은 많은 지혜와 사랑을 요구하는데, 이것은 저절로 감지되기 위함이다. 이 질문은 우리를 끌어당기는 다음의 두 극단들을 생각하고 실행하기를 요구한다.

——우주의 끌어당기는 힘들에, 특히 지구의 중력에, 그러면서도 태양 혹은 달의 끄는 힘들과 나를 연결시키는 극단이다.

——이것은 다른 사람들, 특히 다른 성(性)을 지닌 사람과 나를 연결시킨다.

하지만 지혜와 신성함의 중요한 요소인 이러한 매력과 이 끌림에 대해 우리는 여전히 거의 아무것도 알지 못한다.

이 책에서 인도 전통을 자주 접함으로써 우리는 어떤 과정에 들어서게 되거나, 적어도 의문을 품을 수 있을 것이다.

동양의 교훈들

　　서양 문화가 나에게 알려 주었던 것——그리고 알려 주지 않았던 것——과, 요가 수행과 그 전통이 나에게 알려 주었던 것——그리고 알려 주지 않았던 것——을 제시한다는 것은 간단한 일이 아니다. 사실 인생의 변화를 겪으면서 한 원천에서 온 것과 다른 원천에서 온 것을 구별하는 것이 항상 쉬운 것은 아니다. 그러나 나는 내 경험과 지식의 차원에서, 내게는 오늘날의 모습과 아주 흡사해 보이는 이 전통의 몇 가지 자산들과 부족한 것들을 공식화해 보고자 한다——이것은 프랑수아 로렝의 요구였고, 그녀 때문에 나는 요가의 도움으로 아주 많은 것을 알게 되었다.

요가가 나에게 가르쳐 준(혹은 일깨워 준) 것

　　내가 요가로부터 배운 것——내가 속한 서양 문화를 넘어서서, 혹은 그 내부에서——은 사물들이 매우 단순하면서도 동시에 매우 치밀하게 존재한다는 것이다.

숨쉬기와 말하기

우선 나는 숨쉬는 법을 배웠다. 내 생각에 숨쉬기는 자신의 생명을 책임지는 것과 같다. 임신기간 동안 어머니만이 아이를 대신해서 숨을 쉰다. 출산 후 어머니는 아이 대신 호흡하지는 않지만, 그렇다고 자기 생명만 중시하지도 않는다. 어머니는 한 사람의 타인, 여러 타인들이 호흡할 수 있게 한다. 그러므로 숨을 쉰다는 것은 내 생명, 타인들의 생명, 살아 있는 세계 전체에 대한 의무이다. 오늘날 대부분의 사람들은 숨쉬는 시간을 중요히 여기지 않는다. 주변에서 일어나는 사회적 파괴를 벗어나 계속 숨쉬며 살기 위해서는 매일 잠깐씩 숲속을 산책하거나 머무르는 것이 필요하다—— 어쨌든 내게는 그렇다. 또 누구에게나 일반적으로 필요하다고 생각한다.

또한 호흡과 다른 행동들, 특히 말하는 행위와의 관계도 이해해야 한다. 숨쉬는 것과 말하는 것은 어쨌든 대부분의 사람들에게는 호흡을 반대로 이용하는 것이다. 이러한 관점에서 숨쉬지 않는 사람들이나, 숨쉬기가 곤란한 사람들이 말을 멈추지 못한다는 사실을 주목하는 것은 흥미롭다. 그것은 그들의 호흡 방식, 그리고 특히 숨을 가다듬기 위해 내쉬는 방식이다. 흔히 이 방식들은 들숨을 마비시키는데, 이 들숨에서 자신의 호흡에 대한, 다른 사람들의 호흡에 대한 육체적·정신적 관심이 비롯된다. 호흡에 주의를 기울이면서 침묵을 지키는 것은 존재하는 것을 존중하고, 출생과 창조의 가능성에 대한 준비로 이어진다.

이 점에 관해서 말에 집중하는 정신, 혹은 종교가 말을 가능케 하는 호흡과 정지를 강조하지 않는다면 자칫 생명을 경시하게 될 위험을 일으킬 수 있다는 사실을 떠올려야 한다. 이러한 전통 속에서 다소 결정적인 말들을 규정하기 위해 호흡을 이용한다는 사실, 사회적 의식을 가다듬기 위해 자연과 살아 있는 육체들을 이용한다는 사실은 생명 가치에 대한 인식과 쇄신의 결여로 인해 파괴적으로 변한다. 이 영적·종교적인 이론, 혹은 고행들은 호흡의 정지를 통해 즉시 독선적으로 변한다. 이러한 것들은 살아 있는 세계——특히 식물의 세계——와 인간의 육체——특히 여성들의 육체——에서 비롯되는 재능을 망각함으로써 독단적으로 변한다. 불행히도 대부분의 가부장적 철학과 종교의 전통들이 이러하다. 즉 이 전통들은 말과 생명, 이 둘 사이에 필수적인 관계들을 맺지도 않은 채 말을 생명에 대치시켰던 것이다. 그런데 이 관계들이야말로 생명과 말 둘 다를 보존하고, 재생시키고 풍요로운 열매를 맺도록 한다.

여기에 그리스도교 전통 속에 있는 사람들이 잘 알고 있는 한 예가 있다. 예수 출생 전의 수태고지는 적어도 두 가지의 상이한 방식으로 해석될 수 있다. 하느님 아버지의 말이 육체적 관계, 특히 두 연인 사이의 호흡이라는 육체적 관계를 대신한다는 해석, 혹은 성령으로 아이——이 세상의 구원자——를 잉태시키기 위해 이 아이의 존재가 하느님의 예고와 마리아의 응답 이전에 미리 정해진 것이 틀림없다는 사실이 또 다른 해석이다. 그러나 문제는 순결을 지켰을 한 여성의 기적 같은 출산이 아니라, 장차 연인 사이가 되고 부모가 될 사람들이 서로 호흡과 말을 나누기도 전에 이루어진 아이의 잉태와 출산이다. 천사·새·햇빛·말 등이 마리아의 육체와 천주의 연관성을 형상화한다. 이 모든 연관성들은 육체와 말을 서로 대치시키지 않으면서 둘 사이의 관계를 형상화한다. 마치 계시의 한 유형이 우리로 하여금 그것을 '믿게' 하려는 것처럼 말이다. 이 연관성들은 영적 잉태가 호흡의 작용이 없다면, 연인들 사이의 호흡이라는 절제된 표현이 없다면 일어날 수 없다는 것을 의미한다. '천사 가브리엘의 수태고지'의 실제 낭송은, 이러한 견지에서 이 말들이 천사가 마리아를 대상으로 던지는 질문임을 인정하지 않는다는 의미에서 부분적으로 잘못된 것처럼 보인다. "너는 구세주의 어머니가 되기를 원하느냐?" 이러한 질문이 없다면, 수태고지는 자칫 가부장적 질서를 다른 남성과 맺어진 처녀에게 강요하게 된다. "마리아, 천주께서는 네가 그분의 아들의 어머니가 되리라는 것을 알리신다." 이 경우 더 이상 두 사람은 없다. 즉 마리아는 하느님 아버지의 아들을 태어나게 하기 위한 단순한 도구가 될 뿐이다. 그러나 만일 더 이상 두 사람이 없다면, 이 두 사람 사이의 호흡에 대한 존중도, 마리아의 영적 순결성에 대한 존중도 없는 것이다. 영적 계시를 해석하기에는 여성적인 토착 전통들(수태고지에 필수적인 발화적 성격을 통해 이해된)에 가까운 첫번째 해석이 나에게는 더 적절한 것처럼 보인다. 왜냐하면 이 영적 계시는 곧바로 잊혀지고, 어떠한 육체를 신성화하는 것이 아니라 육체를 대신하는 말의 독선적인 권력에 복종하는 것이 되기 때문이다.

불행히도 가부장적 전통들은 점점 말로 생명을 교체해 왔다. 이 둘 사이에 생기는, 서로서로를 꽃피울 수 있는 관계들을 믿지 않으면서 말이다. 그로 인해 기술이 통제할 수 없을 만큼 확산되고, 환경에 해를 끼치는 도시화, 우주의 오염, 배금주의, 이데올로기 전쟁들을 포함한 수많은 전쟁들이 발생되었다. 또한 정신과 신체의 마비 상태가 점점 심화되고 있다.
호흡을 존중하는 전통들이 호흡에 대한 고려 없이 말에 굴복하는 전통으로 변해 가면서, 말하는 방식은 시적인 말투, 찬양의 노래, 축복의 기도에서 이미 기록된 대화들이나 경전들, 우주적 관계라기보다는 사회적 관계 속에 있는 개인에게 종종 건네는 명령문으로 변해 왔다. 이때 이 개인의 표본은 자기와 같은 성(性)에 속하는 신들의 권위에 굴복하는 성인 남성이다. 그러나 이런 신들은 보통 존재하지 않는다. 반면 여성에게 제시되는 가장 정신적인 변화는 여성 역시 인간으로 존재할 수 있다는 것이다……. 평등주의가 지배하는 이 시대에, 사람들은 몇몇 페미니스트들의 입장에서 이해된 종교적 경전들로의 회귀를 주목할 수 있다. 이 경전들은 남성들과 동등해지는 것만이 여성에게 가장 좋은 것임을 고지하고 있다! 이 경우 나는 여성적 토착 전통들, 특히 인도 전통들에 대한 망각을 여성이 가부장적 권력에 굴복하는 것에 비교할 것이다. 이 가부장적 권력의 지평에서 이상적인 것은 여성이 남성이 되는 것이다.

그리하여 이 가부장적 지평에서 말의 사용 자체, 기의 순환은 달라졌다. 말은 의식(儀式)에, 반복과 사변에 굴복하게 되었다. 말은 육체와 이 육체를 에워싸는 세상의 다른 에너지들과 이어진 말의 현재적 발생과 단절되었다. 그리하여 한 편의 시, 찬양의 노래——궁극적으로 자연과 연인, 우리가 구체화하거나 구체화할 수 있는 신성함을 향한——는 찬양과 은총보다는 질서와 법칙을 표현하는 말, 혹은 이미 기록된 문헌을 따르는 것과는 다른 방식의 호흡을 사용한다. 전자의 경우, 우리는 생명을 지키고 이를 가꾸는 신성함에 가장 근접하게 된다. 우리는 생명을 수호하고 퍼뜨리거나 전개하는 이 신들 혹은 여신들이고, 신성함은 항상 자연과 결부된 것이지 단순히 어떤 민족 혹은 어떤 사회가 만들어 내거나 선택한 것은 아니다.

내가 관여하는 영역에서 여성으로 존재한다는 의식(意識), 그 상태로 남고 정신적으로 그렇게 되고픈 욕구는 보다 가부장적인 서구 문화를 해석하기 위한, 그리고 나와 가장 잘 어울리지만 억제되어 왔던 문화를 되살리기 위한 방법을 요가 수련과 인도의 전통 고문서를 읽어 나가는 과정에서 찾아냈다. 오늘날 이 억제된 문화가 결여되어 있기 때문에 남성과 여성으로 구성된 한 사회를, 특히 이 두 성간의 사랑을 영적으로 고양시킬 수가 없다. 즉 커플의 단계 혹은 사회의 단계에서 사랑은 우리에게 존재와 번식의 장소로 이용되는, 자연적이고 살아 있는 우주와 조화를 이룬다.

감각적 인식을 존중하고 가꾸기

여러 가부장적 전통에서 개인적·집단적 삶은 자연 세계의 영역을 벗어나 조직되기를 원하고, 그렇게 될 수 있다고 여겨진다. 육체——이를 소우주라고 부른다——는 이때 우주——이를 대우주라고 부른다——로부터 단절된다. 육체는 사회학적 법칙들, 즉 육체 자신의 감각과 낮과 밤, 계절들, 식물의 번식…… 등의 생생한 지각 작용에 낯선 리듬들에 복종한다. 이는 빛과 소음이나 음악·냄새·촉감과 자연스런 미각에 참여하는 것이 인간의 자질로 더 이상 고양되지 못한다는 것을 의미한다. 육체는 자신의 지각 작용을 영적으로 키우기 위해서가 아니라 보다 추상적이고 사변적이며, 보다 사회학적인 문화를 위해 감각으로부터 멀어지라는 교육을 받는다.

요가는 나에게 감각을 통한 지각 작용을 개발하는 쪽으로 되돌아가라고 가르쳤다. 사실 나는 이러한 지각 작용을 항상 좋아했다. 어릴 때부터 자연은 나를 도왔고, 사는 법을 가르쳐 주었다. 또 요가는 여러 기록들에 대한 관심을 유발시켰는데, 이 기록들은 나를 감각에 대한 무지 상태에서 영적으로 고양된 상태로 이끌었다. 그리고 이 영적인 고양은 변화와 때로는 의사소통, 혹은 공유를 가능케 한다.

확실히 서구 문화는 어떤 점에서 자연의 가치를 배가시키는 예술을 생산했다. 미술·음악·요리법 등이 그것이다. 그러나 이 예술은 자연스런 감각이라는 경험으로는 대치될 수 없는 것 같다. 이 가치를 대신한다고 주장하지 않는다면 이 가치의 부재를 견딜 수는 있다. 예를 들어 밤에 새들이 잠들었을 때, 음악을 듣는 것은 좋다. 그러나 이 음악은 새들의 지저귐이라는 살아 있는 현재와는 일치하지 않는다. 음악은 어떤 의미에서는 새들의 지저귐보다 더 좋을 수도 있지만, 다른 의미에서는 그렇지 않다. 즉흥곡이 아니라면 음악은 이미 가장 흔한 경우 반복, 특히 단 하나의 목소리가 내는 반복이다. 즉흥곡은 거의 드물다. 그리고 더 나아가 새들이 지닌 능력, 이를테면 우주와 조화를 이루어 노래하고, 있는 그대로의 자연을 찬양할 수 있는 능력을 인간이 상실했다는 것은 설득력 있는 말이다.

또 다른 측면은 서구의 신비주의가 부차적인 단계에서 감각을 가꾸었다는 것이다. 예를 들어 이 신비주의는 촉감과 '영혼'의 취향에 관해 말한다. 그러나 보통 가혹한 고통의 대가로 얻어지는 이 영적 발견들이 내게는 감각적 지각 능력의 문화를 대신할 수 있는 것처럼 보이지는 않는다. 아름다운 소리를 듣는 법, 아름다운 색깔을 보고 땅에서 나는 좋은 열매들을 음미하는 법을 배우는 것은 영적인 고양에 도움이 된다. 나는 다른 방법보다 희생적이지 않은 이 방법을 선호한다. 그리고 우리에게는 우리의 감각 능력들을 키우기 위한 충분한 시간이 없다. 현실 저편의 가설 때문에 왜 이 감각 능력들을 학대해야 하는가? 오늘날 이것은 나에게 거의 신성하지도 현명하지도 않은 것 같다. 그리고 내 육체를 영적으로 변화시키는 것이 신학을 포함한 어떤 학문에 접근하는 것보다 훨씬 가치 있어 보인다. 왜냐하면 그러한 학문은 육체를 경시하는 학문이고, 육체를 불필요하고 메마른 고통의 길로 이끌기 때문이다.

육체를 가꾸기 위해서는 우주적 리듬에 근접하는 것이 필수적이다. 예전에 그리스도교의 예배 예식과 수도승의 계율들은 이 사실을 알고 있었다. 이러한 차원은 불행하게도 아주 종종 망각된다. 결국 다시 한 번 말하지만 여기에서 실제의 '밤'과 '가뭄'·'겨울'이 우리에게 끼치는 영향은 간과하면서, 왜 또다시 영혼의 '밤'과 '가뭄'·'겨울'에 대해서 말하는가? 이 모든 은유적 언어는 치명적인 오류를 가져온다.

배우기와 가르치기

내가 배운 혹은 내 안에 요가의 실체를 밝혀 준 또 다른 견해는, 가르치는 자와 배우는 자 사이의 생생한 관계가 필수적이라는 것이다. 서구의 전통은 종종 이 둘 사이를 단절시키고자 했다. 서구의 교육은 습득 혹은 교재의 강독으로 간주되고, 보통 이 교재의 죽은 저자들은 살아 있는 사람들보다 훨씬 중요하게 평가된다. 교육은 실제 하는 말은 극히 일부일 뿐 쓰는 일에 치중되어 있다. 이 교육은 가르치는 사람을 그/그녀가 전수하는 문화의 완벽하고——소위——어느쪽으로도 치우쳐 있지 않은 운반 수단으로 만든다.

내 생각에 가장 훌륭한 배움은 누군가의 경험을 바탕으로 배우는 것이다. 가르친다는 것, 이것은 어떠한 경험을 전수하는 것이다. 배워진 것은 가르치는 자의 삶을 통해 확실해지고, 특정 영역의 대가들의 삶을 통해 확실해진다. 구체적이고 영적인 지식, 삶을 가꾸는 데 유용한 지식은 이렇게 완성된다. 이로부터 가르치는 사람 자신의 인생은 진실과 윤리, 심지어 미학에 대한 확실한 믿음이 된다. 가르침의 이러한 방식은 자연적이면서 동시에 문화적인 계보를 형성한다. 몇몇 가정에서 지식은 아버지로부터 아들에게로, 어머니로부터 딸에게로, 아버지로부터 딸에게로, 어머니로부터 아들에게로 전달된다. 다른 문화적 범주에서는 이러한 전달이 자연적 가족 바깥에서, 즉 스승으로부터 제자에게로 이루어진다. 그러나 경험과 관계를 유지하는 이러한 전달은 자연적이면서 동시에 감각적이고 영적인 일종의 장소 같은 것을 형성하는데, 이곳은 과거의 지식이 유포되고 현재와 미래의 지식이 완성되는 장소이다. 사실 경험과 관계 있는 문화를 이미 기록으로 남은 문집의 반복으로만 축소시킬 수는 없다. 문화는 변화하는데, 우주의 변화에 따라서 뿐만 아니라 우주의 역사와 이 세계 생명체의 역사, 특히 인간의 역사 사이의 분절을 생각하는 방식 속에서도 이 변화는 이루어진다.

문화의 전달이 제대로 이루어지려면, 어느 한 성(性)에서 비롯되는 가르침에 특권을 부여하지는 않으면서 여성들의 경험이 우리에게 가르칠 수 있는 것과, 남성들의 경험이 우리에게 가르칠 수 있는 것 사이의 차이들을 주목해야 한다. 사실 지식이 성과 무관하다는 것은 그릇된 견해이다. 가장 일상적인 경험이 우리에게 이러한 사실을 알려 주지만, 또한 요가의 지식을 포함한 전통 지식도 그러하다. 여성의 육체적·정신적 경험은 독특하고, 여성이 자기 딸과 아들에게 알려 줄 수 있는 경험은 서로 다르다. 문화 전달의 이러한 가치를 제거하는 것은 문화의 진실과 가치를 변조하는 것이다. 또한 그것은 가르침이 점점 더 의례(儀禮)적이 되고, 사변적이고 비현실적이 되며, 아버지 숭배와 오로지 천상에만 있는 신성함과 연관되는 현상에 일조를 하기도 한다. 그러나 이 신성함은 형체가 없고 시간에도 구애받지 않는 확실한 남성족들의 정신에 의해, 그리고 그들 사회를 조직하는 경전과 법칙에 담겨진 정신에 의해 이루어진다. 그리하여 여성적 토착 전통들에게서 존재하는 것처럼, 또 그 속에서 유지되었던 것처럼 우리들 속에 있는 생동하는 인간의 신성함이라든가, 신들·여신들이 아니라 역사시대 속에서 다양한 층위들을 수집하고, 조직하고, 합리화하기 위해 역사시대를 요약할 수 있는 절대자들이 중요해졌다. 지상의 삶과 감각, 구체적인 것과 연관된 가르침, 그리고 그 비옥함과 영적·신적·신비적 자질들을 가꾸는 일에 관심을 두는 가르침은 가장 오래 된 과거의 전통에, 특히 요가의 전통에 가장 충실한 전달 방식이다. 이 전통들은 여성적이지만, 그렇다고 모성적이라는 뜻은 아니다. 여성의 모성만을 강조하는 것은 전통의 변화에서 오히려 남성적 시각인 것이다.

육체를 영적으로 경험하기

생명과 다른 사람들에게 접근하는 이 독특한 방식이나 가르침——내가 요가에서 새롭게 배우거나 다시 배웠던——은 육체의 독특한 경험을 가정하고, 또 그것을 수반한다. 보통 나는 내가 나의 육체를 정복해야 한다거나, 육체를 정신에 굴복시켜야 한다고 들어왔다. 영혼의 변화는 철학적·종교적 서적의 형태로, 추상적인 명령문의 형태로, 현실에서는 없는 신(神)/신들의 형태로, 기껏해야 겸손함과 사랑의 형태로 내게 제시되었다. 그러나 왜 나의/우리의 육체를 존중하면서, 그리고 이 육체를 가꾸는 문화 속에서는 사랑이 성취될 수 없단 말인가? 인간의 변화에 있어서 육체의 차원은 내게는 필수 불가결한 것 같다. 육체를 경시하거나 망각한 덕택에 우리들의 전통 속에 남아 있는 것은 종종 기본적인 요건들, 혹은 동물적인 것보다 훨씬 나쁜 성(性)으로 축소되곤 하였다. 그리하여 육체적 사랑을 기초적인 교미, 즉 기껏해야 대수롭지 않은 약간의 애무가 앞서 이루어지는——남성이 노동으로 완전히 녹초가 되지 않았을 때, 시간적 여유가 있을 때——번식의 의무로 연결시키는 것은, 사실 내게는 가축보다 훨씬 못한 타락처럼 보인다. 대부분의 동물들은 우리는 해보지도 못하는 에로틱한 치장을 한다. 모멸감——특히 여성의——폭력·죄의식…… 등은 진화되었다고 일컬어지는 우리 서구 문명의 대부분의 커플들이 갖는 운명이다. 이 무슨 부끄러운 일인가! 관대하지만 흔치 않은, 그리고 보통은 산발적으로 존재하는 몇 가지 예외가 아니라면 이 사실은 사랑이 우리들에게 있어서, 그리고 우리들 사이에서 인간적인 것이 되지 못했다는 것을 의미하기 때문이다.

나는 요가의 전통, 탄트라의 전통과 여성과 남성의 영적 결합들로부터 다른 것도 배웠다. 이러한 것들은 나에게 육체는 스스로 신성한 장소——우주와 조화를 이루는 신성함의 장소, 혹은 성전——라는 사실을 알려 주기 시작했고, 더 나아가 내 육체를 가꾸는 방법, 그리고 신성한 성전인 다른 사람들의 육체를 존중하는 방법을 알려 주었다. 나는 육체가 궁극적으로 신성하다는 사실을 알고 있었다. 특히 그리스도교 전통을 통해서 말이다. 사실 이것은 그리스도교 전통의 메시지이지만, 나는 어떻게 이 신성함을 키워 가야 하는지를 몰랐다. 호흡을 연습하고 내 감각 작용을 훈련하면서, 또 끊임없이 내 몸의 생명을·가꾸는 데 전념하고, 요가 전통에 대한 현재와 과거의 서적들을 읽으면서, 탄트라의 서적들을 읽으면서 나는 내가 알고 있었던 것이 무엇인가를 깨닫게 되었다. 즉 육체는 신성함이 구체적으로 나타나는 장소이기 때문에 나는 육체를 신성하게 다루어야만 한다. 이것이 항상 수월한 것은 아닌데, 이 시대에는 특히 그러하다. 그러나 이것은 이 시대 대부분의 종교들이 가르치는 육체의 내부, 혹은 외부에서 일어나는 끝없는 추락과 속죄보다도 훨씬 강력하고 가치 있는 영혼의 변화를 일으킨다. 육체적 행위 속에 포함된 육체 자체는 양분될 수 있다. 이는 육체가 자제되는 것이 아니라 활짝 피어나 보다 예민하게, 그리고 전반적으로는 감각적이 된다는 것을 뜻한다. 기초적인 육체적 질료가 영적 재료로 스며드는 이러한 변화는, 특히 **차크라**(cakra)라는 에너지 ── 혹은 정신-물리학의 중심 ──가 다른 것으로 전이됨으로써 이루어진다. 그리하여 성(性)의 카크라, 혹은 기본적인 생기(生氣)는 발까지 순환되는 사실을 간과하지 않으면서 심장과 가슴·머리의 생기들로 변한다. 섬세한 육체의 변화인 이 연금술은, 요가의 우파니샤드와 같은 몇몇 서적들은 물론 탄트라의 교본들과 지각 작용 속의 집중에 관한 파탄잘리의 교재에도 기술되어 있다. 모든 것이 다 다루어진 것은 아니고, 내가 이따금씩 그렇게 믿는 바 대로 기술되어 있지도 않다. 그러나 육체가 우주 전체와의 결합으로 나아가는 변화들에 대해서, 그리고 일어날 수 있 는 이 결합의 구체화에 대한 지침들이 제시되어 있다.

이때부터 육체는 더 이상 다소 낙오된 수레가 아니라 가 꾸어져야 할 영혼이 깃든 장소가 된다. 이 영혼은 발전되고 변화된, 변모된 육체와 일치한다. 음악·색채·냄새·맛·노 래·육체의 사랑…… 등이 이러한 스며듦에 이용될 수 있다. 내가 갈구하는 것은 서글프게도 서구의(혹은 서구화된) 가르 침에서는 너무나 외면되어 왔지만 이 고전들에서 이루어지 는 것, 사랑이 두 자유로운 존재 사이에서 일어나는 것이다.
흔히 사랑은 어떤 의미에서는 역행하는 그러나 영적인 황 홀경에 이른 결합, 남성과 **샤크티**(shakti)로 선택된 여성이 구체적으로 드러내는 우주적 자궁의 결합처럼 제시된다. 이 러한 해석은 부정적인 것과는 거리가 멀고 야만적이며, 강 간범의 혹은 실패된 사랑보다는 분명 훨씬 가치 있다. 그러 나 이 두 연인, 남성과 여성, 혈통에 대해 자유로운 이들의 결합은 인간적 사랑의 구현 속에서 또 다른 것을 실현할 수 있다. 여성 혹은 남성 각자는 인간적이면서 동시에 성스러 운 구현인 타자의 재생에 기여할 수 있다. 이 경우 육체적 결합은 개별화가 우세하게 일어나는 장소가 되지만, 단지 혼합·역행 혹은 양극성과 차이들을 소멸하는 장소가 되는 것은 아니다. 사랑에 있어서 여성들과 남성들은 자신들의 자아와 잠재적인 생명력·창조력을 주고받는데, 이 창조력은 둘 사이의 서로 다른 자아에 의해 이루어질 수 있다.

이 이중의 자아로 인해 두 사람은 사랑 안에서, 상호적 관계 속에서 성숙한 존재로 남을 수 있다.

요가가 나에게 (아직도?) 가르쳐 주지 않은 것

서구적 애정 문화의 모델은 가장 빈번하게 여전히 가부장적이고, 혈통 위주이며 위계 질서적이다. 이것은 교사-학생의 관계와 유사하여 남성은 마치 스승처럼, 그리고 여성은 학생처럼 나타난다. 여신의 전통에서는 그 반대이다. 여성으로 인해 사랑에 입문하는 자는 남성이다.

성적 차이에 대한 훈련

미래에 대한 나의 바람은 서로에게서 배우는 일일 것이다. 이것은 여성들과 남성들이 자신들의 성(性) 혹은 유(類)에 고유한 세계를 구축하기를 바라는 것, 그리고 서로가 정자와 난자 같은 생물학적이기만 한 요소들과는 다른 이 세계의 요소들을 서로 제공하고 교환할 수 있기를 요구한다. 남성들과 여성들은 아이들과는 다른 것을 발생시킨다. 양성 사이의 영적 결합이라는 이 측면을 나는 나만의 경험과 나만의 욕구를 통해 배웠다. 내가 요가 수행자들에게 이러한 측면을 제시하려고 했을 때——아마도 서툴게……——이것은 거의 이해되지 못했고 거절당하기까지 하였다. 그러나 요가 수행은 끊임없이 나를 이러한 명확한 사실로, 동시에 인도 전통의 몇몇 서적들이나 해설서들에게로 이끈다. 그래서 머시아 엘리아데는 자주 인도 문화를 비교적 더디게 나타난 가부장적 유산들이면서, 아시아의 토착적 요소들을 가장 잘 간직해 온 문화로 제시한다. 그리하여 인도에는 남성과 여성의 정신적 변화를 위한 자리가 있다. 게다가 이것은 아직까지 여신들이 존중되고, 여신들과 연인 사이인 남신들이 존중되는 유일한 전통들 가운데 하나이다.

1984년 1월 인도를 여행할 때 나는 대부분의 여성들이, 심지어 가난한 여성들도 깊은 신심을 간직하고 있는 것을 보고 놀랐던 행복한 경험을 한 바 있다. 그것은 서양인들이 일반적으로 가지고 있는 멸시받고 굴복당하는, 혹은 오만한 여성들의 태도와는 매우 다른 것이었다. 인도에서 매춘·강간과, 심지어 여성들을 상대로 자행되는 끊임없는 살인들과 관련해서 어떤 일들이 일어나는지를 나는 알고 있다. 그러나 이러한 사실이 다른 것까지 부정하지는 못한다. 적어도 역사의 두 시기, 즉 여성이 여신이었던 시대와 남성이 여성에게 맹목적인 권력을 행사하던 시기 사이에는 공존의 시기가 있었다.

이 여행에서 또한 나는 스승 T. 크리슈나마차르야가 성적 차이의 중요성을 요가 문화의 중요한 차원으로 확신하는 것을 가슴 깊이 이해하게 되었다. 이것은 나에게 값진 발견이었고 아직까지도 그러하다. 나는 그에게 수행에 있어서 성적 차이를 어떻게 해석하느냐고 묻고 싶었을 것이다. 이것은 요가를 가르치는 사람(들)에게 지금도 제기하고픈 질문이다. 임신한 여자들을 위한 훈련이 있다는 것을 나는 알고 있다. 그러나 그들이 서로 다른 육체와 정신을 갖고 있기 때문에 여성 혹은 남성을 위한 훈련들이 있는 것인가? 나는 내 몸을 다치지 않기 위해, 여성으로서 내 자질들을 키우기 위해, 단지 어머니로서의 자질뿐만 아니라 여전히 사랑스런 여인이면서 여자 철학자로, 여류 문인으로, 여자 강연가 등의 자질을 키우기 위해 이러한 훈련들을 접하고 싶었던 것 같다.

사람들 사이의 상호성

성적으로 구별된 자아라는 문화의 이러한 결핍으로 말미암아 상호성의 가장 돌이킬 수 없는 장소가 생기고, 이 상호성이 내게는 요가에서 자주 부재하는 것처럼 보인다. 분명 요가에서는 겉으로 보이는 상냥함과 타인에 대한 상대적 존중이 지배적이다. 위계적 관계는 종종 합법적인 것으로 남아 있다. 또한 진정한 영적 교류는 거의 존재하지 않기도 한다. 심지어 대부분의 경우 영적 교류는 무용할 뿐만 아니라 요가 수행에 해를 끼치는 것으로 간주된다. 요가의 대가가 되거나 입문하기 위해서 더 이상 생각을 하지 말아야 할 것이다. 배우는 사람들이나 가르치는 사람들을 통해서 기본적으로 요구되거나 이어지는 이러한 구호, 혹은 이데올로기는 조심스럽고 자기 만족적인 음모를 발견한다. 여자들 대부분이 요가 수행에 자주 참여한다. 이들은 자신들이 익숙하게 들어왔던 것을 그곳에서도 듣기 때문에 대부분 어떠한 저항도 하지 않는다. 이들 가운데 한 사람이 가르치는 자에게 허용되지 않는 질문을 제기한다면, 이 질문은 무시되고 대가가 말한 것이나 이러한 장소에서 전해지는 것에 관한 지식이 부족하다는 사실로 즉시 입증된다. 나는 이러한 상황을 여러 번 경험했고, 이 상황이 고통스럽고 다소 요가 수행자들과는 어울리지 않는다고 생각해 왔다. 한편으로 이 요가 수행자들은 다소 전문적인 대가들이 자신들에게 고통스러운 진실들을 말하는 것을 받아들인다. 아마도 생각하는 것보다 생각하지 않는 것이 훨씬 수월할 것이다. 하지만 훌륭한 전문가가 되기 위한 이유가 훈련과 정신적 문화에 위배되는 가치를 얻을 수는 없다. 아무것도 생각지 않고 수행한다는 것이 여전히 요가 전통의 한 부분인가? 요가의 전통은 나에게는 오히려 생각에 대한 실제적 능력을 요구하는 정교한 것에 속하는 것처럼 보인다. 그렇다고 아무렇게나 생각하는 것이 아니다. 대상에 대해 어떠한 중심 없이 생각하는 법을 배워야 하는데, 예를 들면 생생하고 초탈하는 방식으로 집착 없이, 자기 중심적이지도 않고 소유가 아닌 방식으로 생각하는 것을 다시 배워야 한다. 이것은 생각지 않는 것이 아니라 기를 자유롭게 하기 위해 생각의 무기력을 벗어날 수 있음을 의미한다. 이것이 부처에 의해, 그리고 이 시대에는 크리슈나무르티의 독특한 방식으로 알려진 사고과정이 아닌가?

처녀성의 가치

앞의 두 사람들은 남성이다. 파탄잘리 또한 그러하다. 여성들 역시 자신들의 지식을 남성들에게 전하려고 애쓰면서 분명 무엇인가를 깨달을 수 있다. 대부분의 구도자들은 자신들이 배우자, 특히 처녀인 배우자가 필요하다는 것을 입증한다. 이 점에 관해 처녀성이 한 남성의 선의와 미래에 굴복한 한 여성을 통해 자기 실현의 결핍 혹은 회피를 의미하는 것이 아니라, 이러저러한 방식으로 남성과 공유할 자질들을 제공하기 위해 자신의 자아를 유지하고 가꾸기 위한 여성의 능력을 의미한다고 표현하는 것이 바람직한 일일 것이다. 남성과의 사랑과 욕망 안에서 유지되고 가꾸어지는 여성의 정신적 처녀성이라는 차원은 아마도 인간성의 가장 독특한 영적 풍부함, 모성이라는 가치를 초월해 아직도 발견되어야 할 것이 있는 풍부함 가운데 하나일 것이다. 그리고 이 모성만이 유일하게 인간적인 것은 아니다. 만일 여성이 정신적 처녀성을 지키지 않는다면, 그녀는 자신의 자아를 상실하게 되어 분명 여성으로 다시 태어날 수 없다. 게다가 단순히 어머니가 되는 여성은 더 이상 남성의 진정한 배우자가 될 수 없다. 여성은 동일한 혈통의 차원에 더 이상 머물지 않는다.

여기에서 한 번 더 말하지만 물리적 결합이 나타나는가 나타나지 않는가, 성적 차이를 단순한 해부학으로 축소시키는 또 다른 방식이 있는가는 중요치 않다. 두 가지 성(性), 두 가지 유(類)의 존재를 유지하는 것이 중요한데, 이는 마치 생물학적·문화적 창조의 원천과도 같다. 이 시대에 영혼의 변화를 마비시키는 것이 여성적 처녀성의 가치에 관한 실증적 전통의 결핍일지도 모른다는 것은 타당성이 있다. 우리는 남성들 사이의 교환 가치가 아닌, 남성-영웅들이나 신들의 물리적 번식의 장소가 아닌, 여성의 무지를 영혼의 아버지들, 즉 모든 남성들과 모든 여성들에 대한 선과 악을 규정할 수 있다고 간주되는 아버지들의 법칙에 예속시키는 것이 아닌 여성 자신을 위한 여자아이와 여성에 대한 처녀성의 가치를 모르고, 또 안다 해도 한계가 있다.

여성 자아의 이러한 결핍 상태는 남성적 지능의 산물을 권위적인 담화로, 그리고 또 한편으로는 인위적인 담화로 변형시킨다. 남성들은 문화의 아버지가 된다. 한편 여성들은 자연의 어머니가 된다. 전자는 자기 어머니들의 정신적 주인이 된다. 그리하여 두 성들이 성인(成人)의 상태에 이르러

서는 서로 의사소통을 하지 못하고, 성인이 되어서는 결합할 수 없게 된다.

　나는 요가가 여성과 남성의 몸과 정신을 이해하면서, 성의 차이에 대한 이러한 지평을 발전시키는 데 도움을 주기를 기대한다. 요가 수행자들이 성적으로 중성화되고, 두 성을 동등하게 다루는 쪽으로, 또 여성들이 특수성을 보유하고 또 보유할 수 있다는 사실은 잊은 채 여성을 가장 변화가 느리고 가장 남성적인 요가 전통 속에서 인정하는 쪽으로 발전하게 될까봐 걱정스럽다. 특히 요가의 서구적 응용을 통해서 이러한 일이 일어난다면, 육체와 '정신'의 현실에 근거를 두지 않은 이러한 시도를 자주 포기하는 것이야말로 가장 가치 있는 일이 아닐까?

　사실 여성과 남성이 그들에게 적합한 문화로 이어지지 못한다면 그들은 그들의 전통과 육체, 그들의 영혼으로부터 추방당할 위험에 처한다. 어떤 식으로든 요가가 제기하는 것은 이 질문이다. 요가의 길을 가는 수행자들에게 부여된 고독이 그것이다. 이 고독은 아마도 의식적이든 그렇지 않든 자신의 믿음 가운데 일부를 포기하는 서양인에게는 확대되어 다른 전통에 속해 있는 한 수행자의 자질로 여겨질 것이다. 단순하고 참된 현실——성의 차이——로부터 출발하는 것이, 나에게는 거기에서 비롯될 수 있는 혼란이나 고뇌를 축소하는 데 꼭 필요한 것처럼 여겨진다.

이론적 교육의 차원에서는 문화들 사이의 접점들을 실현하는 것이 나에게는 유용할 것 같다. 즉 서적을 비교하면서, 공유할 만한 유사점과 차이점들을 발견하려고 애쓰기 위해 각자 자기가 속한 문화에 관해 말하도록 유도하면서, 특히 1세기 전부터 자신들(남성/여성) 안에 유럽의 전통과 동양의 전통을 결합시키려고 애쓰는 사람들의 저작물들과 이야기들을 들으면서 말이다.

내가 속한 유럽의 전통과 관계 있는 요가로부터 내가 얻었던——그리고 얻지 못한——것이 무엇이냐는 프랑수아 로렝의 질문이 이러한 의도를 가지고 있었다는 생각이 든다. 그것은 이 전통들이 실제로 둘이라고 가정한다면, 사고의 경험을 이 두 전통들 사이로 전달한다는 의도이다.

이 주제에 관해서 나에게는 분명 아직도 할 말이, 그리고 배워야 할 것이 많다.

호흡의 방식

　호흡을 한다는 것은 살아 있는 인간의 자발적인 첫번째 행위이다. 세상에 태어남은 스스로 숨을 들이마시고 내쉬는 것을 가정한다. 자궁에서 우리는 어머니의 혈액을 거쳐 산소를 공급받는다. 아직 태어나지 않은 상태라면 우리는 아직 자발적이지 않은 셈이다.

　사실 삶의 첫번째이자 마지막인 이 행위를 우리는 망각했다. 분명 우리는 죽음의 고통 속에서도 호흡한다. 우리는 호흡에 장애를 받으면서도 생명의 첫번째 양분인 우리를 에워싸는 공기에 거의 신경을 쓰지 않는다. 우리는 호흡에 장애를 받는다는 사실 때문에 강박관념에 시달린다. 예를 들면 오염된 공기 속에서 운동을 하고 있는 것이다. 그러나 실제로 우리는 우리의 생명, 우리의 호흡·공기에 대해 책임지지 않는다.

　우리는 기초적 욕구로 먹는 욕구나 마실 욕구 같은 것을 말하지 호흡의 욕구를 말하지 않는다. 그러나 이것이야말로 우리의 첫번째이자 가장 중요한 욕구이다. 그리고 우리가 의식적이고 자발적으로 우리의 호흡을 책임지지 않는 한 우리는 진정하게 태어난 것도 아니고, 자발적인 상태에 있는 것도 아니다.

우리는 이미 배출된 공기, 이미 사용된 공기, 진정 청결하지 못한 공기를 우리에게 전해 주는 일종의 사회-문화적 태반 속에 배어든 호흡의 차원에서 수동적이다.

호흡에 대한 망각

동양에서, 사는 것이 호흡하는 것과 동일하다는 사실을 떠올리는 것은 아주 흔한 일이다. 그리고 현자들은 의식적인 호흡을 행하면서 자기만의 삶을 획득하는 데 전념한다. 이 의식적 호흡은 이들을 점차 제2의 탄생으로, 오로지 우리의 아버지들이 바라는 탄생이 아니라 스스로에게 확신을 심어 주고 스스로가 갈구하는 탄생으로, 우리에게 호흡의 법칙들을 강요하는 생리학으로 이끈다.

의식적이고 자유롭게 호흡하는 것은 자신의 생명을 책임지는 것, 탯줄을 끊으면서 고독을 확신하는 것, 자신과 타인을 위해 생명을 존중하고 가꾸는 것이다.

우리가 자발적으로 호흡하지 않는 한, 우리는 잘 살아가지 못할 뿐 아니라 생존을 위해 타인들을 침해하게 된다. 우리는 집단의 호흡에 의해 자라나는 일종의 대중, 부족을 형성하는 타인들과 뒤섞인다. 여기에서 각 개인은 개인적으로 여전히 자신의 삶을 정복하지 못하지만 집단적 호흡, 즉 가족의 기운에서부터 시작하여 집단의 무의식적 기운이라는 사회·문화적 호흡을 양분으로 섭취한다.

이 기운은 자연——어머니·아내·가정——과 근접해 있고, 이보다는 문화——사회적이거나 문화적 생활의——에 훨씬 가까운데, 이 문화는 우리의 서구 전통에서는 아버지·남성 세계와 훨씬 더 긴밀하게 연결된다.

우리는 두 기운으로 어느 정도 분리된다. 즉 자연적 기운과 문화적 기운으로 분리되는데 이 기운들 사이에, 또 우리 내부와 우리들 서로간에는 실제적인 결합도 변화의 단계도 없다. 그리하여 우리는 태어나서 육체적 생명과 정신적 생명, 영적 생명이 서로 분리되었다는 시각 속에서 자라났다. 자발성과 집단적 기운의 영적 진화를 완성할 때까지, 영혼이 가꾸어진 육체의 생명에 일치한다는 사실을 깨닫지 못한 채 말이다.

우리가 습득해 왔던 문화는 정신적 존재가 되기 위해서 육체를 경시해야 한다고 말한다. 또 육체는 우리가 정신적 존재가 되기 위해, 영적 존재가 되기 위해 넘어서야 할 자연이었을 것이다. 그러나 이 문화는——예를 들어 요가의 문화와 같은 동양의 몇몇 문화들과는 반대로——우리에게 호흡을 가다듬는 법을 가르쳐 주지 않는다. 자발적으로 우리의 존재를 확신하기 위해, 그리고 점차 우리 생명의 기운을 영적으로 변화시키기 위해서 중요한 것은, 이 기운을 자유롭게 유지하고 자기 마음대로 할 수 있게 하면서 자신의 육체와 타인들의 육체를 키워 나가는 것이다.

영적으로 변화한다는 것은, 점차 우리의 기본적인 생명의 기운을 단지 생리학적인 생존을 통해서만이 아니라 마음과 사고·말을 이용하여 보다 유연한 기운으로 변화시키는 것이 될 터이다.

그러면서도 우리의 문화적 전통은 호흡의 중요성을 제시한다. 〈창세기〉에는 하느님이 물질에 자신의 기운을 불어넣어 인간을 창조한다고 씌어 있다. 그리고 예수 그리스도는 성령이라는 기운에 의해 잉태한 여인의 몸에서 태어난다. 서구의 종교적 전통에서 가장 중요한 차원은 영혼의 차원이다. 그리스도 자신은 성령보다 먼저 사라진다. "만일 내가 가지 않으면, 성령이 너희에게 오지 못할 것이다"라고, 그는 제자들에게 말한다. 그는 또한 인간의 아들에게 대항한 사람들을 포함한 모든 죄인들은 용서받아야 하지만, 성령을 거역하는 사람들은 그럴 수 없다고 확신한다.

그리하여 영혼은 가장 중요한 성스러운 차원이다. 모든 요가 수행자들에게 그러한 것처럼 호흡은 우리를 영적으로 변화시킬 수 있다. 그러나 우리는 이 호흡을 망각해 왔다. 그리고 우리는 보통 문화를 말과 지식, 능력과 자질의 습득과 혼동한다. 생존을 위해서 뿐만 아니라, 호흡과 영혼으로의 변화에 있어서도 문명화가 호흡을 가로막는 것임을 망각한 채 우리는 헐떡거리며 살고 있다.

우리의 전통에서 호흡에 대한 이러한 망각은 거의 일반적이다. 그리고 이 망각은 우리 안에 생기와 신성한 기운 사이의 분리, 육체와 영혼의 분리를 만들었다. 생명을 부여하는 기운과 생명을 보존할 수 있도록, 생명을 구체화할 수 있도록 하는 육체 사이의 분리이다. 이 둘의 결합이 생명 자체를 나타냄에도 불구하고 말이다.

육체와 영혼 사이에서 일어나는 오류인 이 구분은, 게다가 성의 차이에 대한 우리의 사고에 영향을 미쳤다. 여성은 육체이고, 남성은 이 육체의 영혼이라는 것이다. 또 여성은 자연적 생명이고, 남성은 영적 생명을 대변한다고 한다. 심지어 남성은 신성한 생명, 우두머리인 그리스도의 모습이기도 하다. 사도 바울은 "여인들아, 교회가 그리스도에게 복종해야 하는 것처럼 너희 남편에게 복종하라"고 쓰고 있다.

생기와 영적 기운은 그리하여 서로 분리되어 서로서로를 죽음으로 보낸다. 생기가 가꾸어지지 못한다면 생명력 없는 질료가 되고 만다. 영혼이 없는 것은 빨리 소멸한다는 것이다. 그러나 더 이상 기운이 담겨 있지 않은 말로 이루어진 문화는 죽은 영혼을 운반할 뿐 살아 있는 영혼을 운반하지는 않는다. 각자의 내부에, 그리고 서로간에 호흡의 문화가 없이는 남성과 여성 역시 죽음에 이른다. 그리고 인류의 생존을 가장 잘 확인시켜 주는 지식, 어느 한쪽에서 비롯되는 지식 때문에 이들은 끊임없는 갈등 속에 있게 된다.

그러나 이러한 생존에 대한 확신은 오직 아이들을 잉태하고 세상에 낳는 것으로 귀결되는 것이 아니라, 인류의 생명을 의식과 영혼이 부여된 생명으로 보존하는 것을 함축한다. 그런데 이 의무는 남성에게 그러한 것처럼 여성에게도 속한다. 여성은 아버지로 시작된 남성이 가르치게 될 육신들을 세상에 낳는 일만 하는 것이 아니다. 남성과 여성 모두가 자연적이고도 동시에 영적인 아이들을 세상에 낳아야만 한다.

구약에서 신약으로 넘어가는 기점을 표시하는 수태고지는 우리에게 이러한 사실을 일깨운다. 이에 관해 사람들이 말해 왔던 것은 보통 조금은 엄격하지만 영적이지는 않았다. 또 당연히 신학자들은 생리학적으로 마리아의 처녀막에서 처녀성을 입증하려는 물질론자들이었다. 마리아는 기운·영혼과의 영적 관계를 유지하고 가꿀 줄 알았기 때문에 순수하다. 수태고지의 신비를 해석하는 것은 육체인 처녀막의 차원에서 이루어지는 것이 아니다. 신의 아들이 잉태되는 것은 기운의 자질과——수태고지보다——먼저 이루어지는 대화에 달려 있다.[4]

이브의 잘못은 마리아에 의해 보상될 것이라고 전통은 우리에게 가르친다. 나는 다음과 같은 방식으로 이 말을 이해한다. 이브는 신과 관련된 것들을 포함한 모든 것들을 먼저 알고자 한다. 그런데 하느님은 지식을 통해서는 다가갈 수 없다. 신의 전능함을 빼앗고자 한 이브는 되돌릴 수 없는 기운을 이 지식에 소비한다. 반면에 순수하고 자유로우며 자기 능력 안에 있는 기운을 보존하는 마리아는 삶과 영혼·사랑, 특히 신과의 관계를 유지한다. 이 신성함은 가로챌 수 있는 대

---

4) 이에 관해서는 뤼스 이리가라이의 《나는 너의 것이고 싶다》(그라세출판사, 1992)를 참조하라.

상도, 자신이나 타인·신을 소모시키는 것도 아니다.

어머니의 조용한 가르침

기운을, 공기를 빼앗는 것은 불가능하다. 그러나 사람들은 자신을 위해, 타인들을 위해 이것을 가꿀 수는 있다. 이때의 가르침은 연민을 통해 이루어진다. 그리고 아이를 낳는 일에 있어서도 마찬가지이다. 어떤 경우에서나 자연적이거나 영적인 생명의 길을 아직 인식하지 못하는 사람과 자신의 기를 주고-공유하는 것이 중요하다.

동양의 스승은 자신의 기를 제자와 공유하여, 제자에게 이 제자를 깨달음으로 이끄는 기운의 일부를 전해 준다. 깨달음은 말 속에 있는 것이 아니라 매순간 호흡을 통해 실현되고 완성된다. 그러므로 깨달음의 기쁨은 부분적으로는 권력이나 능력의 의지가 아니라 동정을 통한 가르침에 달려 있다. 스승의 가르침이 고통과 죽음을 치유하는 것이기 때문이다. 그리스도처럼 부처도 스승이기 전에 병을 치료하는 사람이다. 즉 그는 물리적이거나 심리적인 고통을 없애기 위해, 이 고통을 피하는 법을 알려 주기 위해 가르친다.

자기 자신에게 충실한 여성은 동양 문화와, 더욱이 여성적 영혼을 존중하는 부처와 유사하다. 여성은 자신의 기운을 타인과 공유한다. 생기의 차원에서 볼 때, 여성은 자신의 혈액을 통해 태아에게 산소를 공급해 준다. 여성이 영적 기운

을 타인과 공유한다고 할 때, 내 생각에 이것은 마리아의 처
녀성의 의미와 결부된다.

　먹을 것을 주고, 먹을 것을 받기 전에 여성은 자신의 기운
을, 자신의 자연적·영적 생명을 준다. 아니, 정확히 말해서
공유한다. 이러한 신비를 우리는 이해하지 못했다. 우리는
실존과 존재의 차원에서 인간적이고 신성한 생명 속에 담겨
있는 호흡의 중요성을 간과해 왔다. 그러나 우리의 서구 전
통에서 우리는 이것을 말과 이미지로 배워 왔다. 영적 계시
를 전하는 사람들은 이 호흡을 종종 마치 과거의 교리나 진
실인 양 전해 주지, 지금 여기에서 우리가 해야 할 행동으로
는 알려 주지 않는다.

　창조주처럼 여성은 자신의 기운을 퍼뜨린다. 그러나 여성
은 겉으로 드러내지 않은 채 내면에서 퍼뜨린다. 여성은 감
지할 수 있는 일체의 언어나 행동에 앞서 눈에 보이지 않게,
그리고 침묵 속에서 움직인다. 여성은 자신의 행위 자체를
통해 현재의 매순간에 지속적으로 가르친다. 아이를 잉태하
면서, 아이에게 말을 하면서, 더 일반적인 경우에는 일단 태
어난 아이의 어머니가 되어가면서 여성은 자신의 생명과 기
운을 나누어 준다. 만일 여성이 자신의 기운을 지키지 않고,
생명을 유지하지 않은 채 주기만 한다면, 이로 인해 아이는
저절로 실존을 상실하게 될 것이다. 여성은 단순히 주기만
하지 않고 함께 공유한다. 그러나 그녀가 공유하는 것이 무
엇인지는 눈에 보이지 않는다.

이 상징이 무엇인가를 설명하기 위해 주어진 예는 각각 한 부분을 차지하면서 유지되는 둘로 갈라진 물건과도 같다. 여기에는 물건도, 둘로 나누어진 부분도 없다. 즉 상징의 체계는 훨씬 민감하다.

만일 지금까지 내가 모성의 차원에 있는 기운에 관하여 말해 왔다면, 그것은 모성이 기운의 공유——생명의 공유, 영혼의 공유——로서가 아니라 물질적 산물——피·육체·젖——로, 영적으로 흔히 가치 있는 것으로 인정받기 때문이다.

어머니는 자신의 기운을 주고 타인을 내버려둔다. 그녀는 그에게 생명과 자발성을 준다. 어머니는 태어날 때부터 그에게 물리적·형이상학적 존재를 전해 준다.

어머니를 우리는 익숙하게 다소 모호한 이유들로 칭송한다. 종의 번식이라는 필요성, 시민 배출의 필요성, 자손을 얻고 또한 존경과 더 나아가 추앙받고자 하는 남성의 필요성 때문이다. 그리고 이러한 존경이나 추앙은 여성의 입장에서 보면 생명과 호흡의 공유가 아닌 희생의 산물, 여성 자신의 헌신이다.

욕망을 통해 드러난 것들

여성으로서 아내와 연인은 적어도 영적인 차원에서 아주 종종 농가의 하녀보다도 더 멸시당한다. 여성들은 분명 꼭 필요한 육체와 자연의 파수꾼이지만 이들의 정신은 끊임없이 위험에 처한다. 여성들은 이따금씩 유혹을 하지만 실패한다. 서구에서 우리는 여성인 정신적 스승들을 거의 알지 못한다. 동양에서 여성은 오래도록 최초이면서, 심지어 유일한 성적·정신적 선구자였다. 때때로 이 두 입문과정은 거의 구별되지 않았다. 우리가 조금만 생각해 본다면, 사람들이 믿고 있는 것처럼 사물은 소박하지도 악마적이지도 않다. 욕망은 자주 여성에 의해 시작된다. 그런데 이 욕망은 필요성과 **가장** 밀접한 관계이다. 특히 인간에게 그러할 것이다. 어쩌면 동물은 욕망을 품지 않는지도 모른다. 동물은 번식을 위한 경우를 포함하여 자신을 만족시키는 성적 흥분을 예민하게 감지한다. 그러나 인간의 욕망은 훨씬 복잡하다. 비록 우리가 순전히 자연적이기만 하다고 생각하는 육체가 욕망이 일어나는 장소일지라도 영적인 부분에 있어서는 늘 그렇다. 인간의 성적 매력을 우리는 잘못 알고 있다. 왜냐하면 그것은 눈에 보이지 않는 것, 육체에 담을 수 없는 것, 즉 영혼·기운과 연관되어 있기 때문이다.

비뚤어진 존재, 시체 애호가가 아니라면 우리는 욕망 속에서 **더 많은** 생명을 추구한다. 또 우리는 타인을 통해 삶을 보완하기를 희망한다. 이미 욕망 자체는 우리로 하여금 일반적으로 우리 내부에 웅크려 있는 생명에 눈뜨게 한다. 욕망을 품는 것은 당연히 각성을 뜻한다. 그러나 우리는 이러한 각성을 키울 줄 모른다. 기초적인 원기의 중심(동양의 전통에서는 **차크라**라고 부른다)과 가장 영적인 중심들 사이에서 에너지를 우리 안에서 상승시키고 하강시키는 대신에, 우리는 어떤 남(여)성에게 숨겨진 영적인 신비 같은 것에 대해서가 아니라 이 남(여)성에 대해 욕망을 품는다고 생각한다. 욕망을 품는 주체들과 욕망을 자극하는 주체들 사이에서 우리는 그 혹은 그녀와 더불어 욕망의 에너지를 공유하기 위해, 그 혹은 그녀에게 다가서는 대신 타인을 마치 하나의 물건처럼 소유하고자 한다.

성욕은 일반적으로 우리에게 영혼의 작업이 아니라 육체의 작업으로만 알려져 왔다. 이러한 오류는 서양의 전통에 속해 있는 남성과 여성의 에너지를 마비시켰다. 마찬가지로 이 오류로 인해 우리는 생동감과 본능적 매력을 거스르게 되었다. 생식의 경우도 이에 포함된다. 이 오류는 성적 차이 속에서 우리를 사랑과 사고·신성함으로 안내할 수 있는 영혼의 길을 발견하는 대신 성을 소유와 왜곡의 도구, 죽음의 도구로 만들었다.

〈창세기〉는 원죄를 모든 것을 알고자 한 것, 성스러운 지혜를 기운으로서 존중하는 대신 자기가 차지하려고 했던 것이라고 말한다. 죄를 저지른 것은 성 에너지가 아니라 지식과 기술, 소유 혹은 권력에 대한 의지 속에서 일어난 마비 증상이다.

이처럼 성욕은 자신과 타인에게 일어나는 영혼에 대한 각성이다. 이것은 두 가지의 난관에 부딪친다. 지식으로의 축소와 단순한 자연으로의 퇴행이다. 이 두 가지 난관들은 서구의 전통에서 극복해야 할 육체와 영혼, 여성과 남성 사이의 이분법을 드러낸다.

이것을 극복하기 위해서, 인간 존재를 반은 남자이고 반은 여자인 두 부분으로 절단하는 대신 각각의 고유한 육체와 영혼을 인식하는 것이 중요하다.

인류에게는 서로에 대해 자신들이 내보이는 신비감 때문에 서로에게 이끌리는 거스를 수 없는 상이한 두 성이 있다. 이 신비감은 겉으로 드러내 보일 수는 없지만 자연적이고 영적인 생명의 원천이다.

남성과 여성이 서로에게 이끌리는 것이 행동으로 전이되어 속박의 상태에 갇히게 되는 단순한 성적 본능은 아니다. 이 단계에서 오늘날 우리는 역행하고 있는 셈이다. 성(性)이 투기와 다양한 기술들에 의해 지배받는 상업적 작용이 되었기 때문이다. 남성과 여성이 각자의 차이가 지니는 신비감을 망각하기 때문에 또한 우리는 역행하고 있다. 이들은 이 신비감을 쾌락의 생산과 아이의 출산을 위해서 유용한 육체적 특수성으로만 축소시킨다.

그리하여 두 성 사이에서 일어나는 이끌림의 작용은 소멸되었다. 온갖 종류의 흥분제와 약물들이 욕망을 자극하는 데 필수적이 되고 있다. 그러나 이 욕망은 이들이 존재 전체와 연관되지 않는 이상 허기진 상태에 머물게 된다.

공유된 기

사실 남성과 여성이 서로에게 이끌리는 이유는 단순한 육체적 차이를 넘어서 주관성의 차이, 특히 기운과 연관된 차이 때문이다.

한 남성을 유혹하는 것은 서로 다른 성 혹은 이미 인위적으로 형성된 아름다움만큼, 혹은 그 이상인 여성의 생기 혹은 그 영혼이다. 텔레비전이나 영화에서 보여지는 경우를 제외하고, 가장 아름다운 소녀들이 늘 욕망을 가장 많이 불러일으키지는 않는다. 소년이 소녀에게서 찾는 것은 보완, 혹은 생명의 길이다. 그리고 이러한 욕망——애정이 아니라——이 자주 남성으로부터 여성에게로 이루어진다 해도, 그것은 여성이 자신의 내부에 기운이라는 가장 중요한 저장물을 지니고 있다는 것이다. 남성은 자신의 에너지를 자기 외부에서 뭔가를 만들고 행동하고 창조하는 데 사용한다. 그는 자신이 만들어 내는 물건들 속에 생기, 혹은 영적인 기운을 불어넣는다. 그는 또 하나의 세계, 자신의 세계를 구축하기 위해 자신의 에너지를 사용한다. 그의 내면에는 자신의 기운, 영혼이 거의 남아 있지 않다. 그리고 이 기운을 유지하기 위해 개념들·교의들·의식(儀式)들과 같은 도구들이 그에게 필요하다. 그러나 이때의 기운은 더 이상 자유롭지도, 공유할 수도 없는 것이다.

여성은 훨씬 자발적으로 내면에 기운을 간직한다. 이것은 생리학적인 정체성의 문제이면서 상대적 정체성의 문제이기도 하다. 출산의 능력과 자기 어머니처럼 사랑할 수 있는 능력을 가지고 한 여성, 어머니에게서 태어난 어린 소녀는 처음부터 인류의 비밀, 인간관계의 비밀을 자기 안에 지닌다.

어린 소녀는 자신에 대한, 자연 세계와 타인에 대한 친밀함 속에서 태어난다. 소녀는 직관적으로 생명의 원천을 인식한다. 소녀는 생명의 근원이 자기 안에 있다는 것을, 이 생명을 자기 외부에 구축할 수 없다는 것을 안다. 소녀의 기운은 구축하고, 조립하고, 창조하기 위해 자기 자신을 벗어나서는 안 된다. 반대로 이 기운은 자기 안에 머무름으로써 공유되고 결실을 맺을 수 있다. 더 나아가 여성 역시 우주와 거대한 조화를 이룬다. 이리하여 여성은 생기를 키워 가는 대기를 보다 자연스럽게 들이마시고 내뿜을 수 있게 된다.

생명의 기원인 어머니로부터 독립하기 위해 소년·남성은 우주적 세계와는 다른 세계, 다소 인위적인 세계를 스스로가 구축한다. 이것은 생기와 영적 기운의 차원에서도 마찬가지이다. 남신은 여신보다 소우주와 대우주인 자연으로부터 더 멀리 떨어져 있다.

어린 소녀인 여성은 생존을 위해 호흡하지만 또한 공유하고, 서로 의사소통하고, 결합하기 위해서 호흡하기도 한다. 자연의 차원에서 이것은 사실이고, 영적 차원에서도 그러할 것이다.

그러나 여성을 남성의 영혼에 복종시키는 우리의 서양 전통은 여성으로부터 영혼을 제거했고, 그리하여 육체적 사랑을 포함한 영적인 원천으로부터 남성을 빼앗았다. 만일 육체적 행위가 남성에게 작은 죽음처럼 나타날 수 있다면, 그것은 남성이 여성의 기운에 다가감으로써 영혼을 받을 수 있다는 사실을 망각하기 때문이다. 이 행위가 '죄'처럼, 과오처럼 보이는 경우도 마찬가지이다. 분명 남성이 다가가는 이 영혼은 자신의 영혼과 동일하지 않다. 그것은 이따금씩 말도, 의식도, 대기와 에너지의 눈에 보이는 변형도 없는 단순한 기운에 머무른다. 그러나 이 기운이 마음과 말, 무언가를 듣는 행위의——마치 수태고지에서처럼——중앙에 위치한다면, 이 기운은 순수한 영혼에 속한다. 이것은 동양의 스승들이 추구하는 대상이고, 서양의 몇몇 신비론자들은 이 부정적인 방법을 모방하여 신성함을 신(神)-무(無, nada), 기초적 생기의 차원에서 영적 차원으로 옮아가는 기운 이외에는 아무것도 아닌 것으로 만든다.

육체적 사랑을 포함한 모든 사랑은 신비적이지만 부정적 과정이 될 수 있다. 이 과정에서 개인은 전형적이고 개별적인 것을 포함한 일체의 쾌락을 단념하고 욕망을 관계 속에서 이루어지는 에너지의 변화과정에, 성적 매력을 사랑으로, 말로, 사상으로 변화시키는 과정에 이용한다. 그러나 그만큼 이 욕망이 약화되지는 않는다. 이것은 두 사람이 하나가 된다는 것을 말하는 것이 아니라 둘의 차이에도 불구하고, 혹은 이 차이 덕택에 둘의 관계가 순간적으로나 지속적으로 가능해질 수 있도록 각자 특수한 길을 간다는 것이다.

영혼의 안내자인 여성

이처럼 태어날 때부터 여성은 상관적 생명에 대한 이른바 자발적인 취향을 지닌다. 이 취향은 아마도 자신과 동일한 존재에게서 태어났다는 사실에서 기인하는지도 모른다. 게다가 사랑과 생식의 과정 속에서 여성은 이 취향을 자신과 동일시하게 된다. 여성은 타인과의 관계를 추구하는 반면, 남성은 대상과의 관계를 추구한다. 여성의 입장에서 볼 때 위험스러운 것은, 여성이 타인에게 느끼는 매력 때문에 스스로 소멸된다는 점이다. 모든 성관계에서, 직접적 의미의 성 관계에서, 여성은 두 주체 사이에서 일어나는 관계로부터 둘의 상태를 지키려고 노력해야 할 것이다. 여성은 상대방을 위해 사랑이나 욕망의 과정에서 스스로를 포기해서는 안 된다. 이것은 이 둘을 약화시키는 것이 되기 때문이다.

또 여성은 상대방을 자신과 같은 존재로, 어린아이로 환원시켜서도 안 될 것이다. 이것은 자신이 자기 어머니와의 관계에서 알게 된 최초 관계의 반복이 되기 때문이다. 여성은 대잇기와 같은 매우 자연적인 관계를 벗어나 둘을 유지해야만 한다. 소녀는 자연스럽게 어머니와의 관계, 아이와의 관계 같은 타인과의 관계를 배운다. 이러한 관계를 상실하지 않는 한 남성과의 관계는 소녀로 하여금 이른바 당연히 생식과 관련된 두 주체 사이의 관계를 뛰어넘기를 요구한다.

여성이 알고 있는 타인과의 첫번째 관계는 생명의 존중과

생명의 공유에 연관된 것이다. 즉 이것은 여성이 태어나고
살아남도록 하기 위해 그녀의 어머니가 존중했던 생명이고,
그녀 자신이 어머니가 되어가면서 존중하게 되는 생명이다.
비록 이 생명의 공유가 신화들과, 심지어 남성화된 종교들
이 우리에게 가르쳐 주지 않았던 중요한 행위가 되었다고
해도 여성의 가장 숭고한 영혼은 이 상태에 머물지 않는다.
우리의 문화는 자기 아들들과 반대자를 죽이는 아버지들,
딸을 간음하고 딸들에게 그 아이를 낳게 하는 아버지들의
이야기로 채워졌다. 그리하여 흔히 남성에게 윤리는 타인의
생명을 존중하는 것으로 축소되어 나타난다. 특히 혈통관계
에서 그러하다.

여성에게 윤리적 행동은 타인의 자연적 생명뿐 아니라 영
적 생명의 존중과 함께 시작된다. 남성이 윤리라는 이름으
로 요구하는 것을 여성은 이른바 저절로 일상 속에서 실현
한다. 즉 그것은 우리를 세상에 낳은 사람도, 우리가 낳은
사람도 죽이지 않는 것이다. 여성에게 있어서 이러한 의식
의 각성이 영적으로 가장 높은 차원에 있다. 즉 여성은 타인
의 생명을 파괴하지 않는 것일 뿐 아니라 영적인 생명을 존
중하고, 자주 타인이 아직 깨닫지 못한 영적 생명을 깨닫도
록 한다.

그러나 남성과 연관된 생명은, 이 남성을 낳은 여인과 관
계를 맺을 수 없다는 어려움 때문에 마비된다. 이 어려움을
극복하기 위해서, 많은 종교들은 부처와 예수 같은 영적 존
재(남성)들의 어머니들에게 생리학적 처녀성의 이미지를 부

여해 왔다. 반자연적 혹은 자연에 모순되는 신비 때문에 아들이 잉태되고, 이 아들은 어머니를 향한 자연스런 호감에 아무런 영향을 받지 않는다. 그러나 철학은 물질과 정신, 감각과 지성 같은 것들을 분리시켰다.

문제를 해결하기 위한 방법은 다르다. 비록 합리적이고 감지될 수 있으며, 모든 남성과 여성들에게 실행 가능하더라도 이 방법은 거부되어 왔다. 남성이 상관적 생명을 발견할 수 있도록 도울 수 있는 것은 여성의 영적 처녀성이다. 자연적 관계로, 단순한 자연으로의 후퇴로, 생존의 기운으로만 환원될 수 없는 다른 성과의 육체적 관계는 남성이 육체와 정신으로 이루어진 상관적 생명에 접근할 수 있게 한다.

연인으로서 여성의 역할은 어머니의 역할에 비해 보다 다소 우월하고 총체적이다. 여성은 남성의 기, 자연적 생기 혹은 인위적 에너지의 기를 내면적 생명으로 변화시킨다. 이것은 마음과 말·청취·사고의 중심들——혹은 **차크라**——과 이어진 생명이다.

육체적 사랑은 이처럼 에너지를 위한 영적인 방법이 되고, 육체는 그 자체로 영혼과 정신을 이루어 기운의 차원을 포함한 차이 속에서 사랑받고 인정된다.

사실 성적 차이는 인간들 사이, 특히 남성과 여성 사이에서 초월적인 지평선을 열어 줄 수 있는 것이다. 각 개인의 자연적·영적 생명의 존중 속에서 이렇게 드러나고 완성되는 초월성은 혈통과 관계 있는 초월성보다 훨씬 중요한 것이 된다. 혈통과 관련된 남성과 여성의 초월성들은 자연 세계에 지나치게 종속되어 있는 동시에 너무나 인위적이다. 매 순간 자연의 생명이 신성한 생명으로 변화한다는 확신을 우리에게 주지 않은 채 이 초월성들은 우리를 자연적 생명과 신성한 생명으로 분리한다. 인간의 정체성과 신의 정체성 사이의 분열이 에너지의 문화, 특히 기운의 문화를 통해서 극복될 수 있는 것은 성의 차이 때문이다. 남성과 여성 사이에서 육체적 사랑을 포함한 모든 사랑 덕택에 초월성에 대한 각성이 일어날 수 있고, 이것은 영적 기운, 영혼인 정신의 지배에 일치한다. 이것은 남성적 영혼처럼 국부적이고 폐쇄적인 영혼이 아니라 무기력한 물질적 신체, 혹은 기본적 생기를 에너지의 변화를 통해 영적 존재로 변화시키면서 육체 전체에 점차 생기를 주는 영혼이다.

영혼의 지배라는 다른 상태로의 이러한 전이는 여성 속에 있는 여성에 의한 호흡의 문화, 기운의 문화에 의존한다. 만일 여성들이 자신들의 생기를 영적 기운으로 변화시킬 수 있다면, 여성들은 자연적 생명과 영적 혹은 신성한 생명을 타인과, 특히 남성과 공유할 수 있다. 이것은 방대한 규모의 임무이지만 열정을 바칠 만하고 훌륭한 일이기도 하다. 이 일은 여성 자신의 해방을 위해서, 보다 일반적으로는 생명과 사랑의 문화에도 꼭 필요하다. 이 일은 인내심과 일관성, 자신과 타인에 대한 성실함을 요구한다. 오늘날의 여성들에게는 자주 이러한 덕목들이 결여되어 있다. 그러나 이러한 덕목들을 왜 갖지 말아야 하는가? 자기애 때문에, 타인에 대한

사랑 때문인가? 인류의 현재와 미래를 위해서 여성들의 영
적 역할이 얼마나 중요한가를 알아야 한다.

내가 된다는 것, 우리가 된다는 것

오늘날 우리는 문화 분야에 관한 한 새로운 상황에 직면해 있다. 즉 우리는 시간적으로 그러하듯이 공간적으로도 정보가 증가하고 있음을, 다양한 차원의 지식들이 축적되어 가고 있음을, 동시에 인간 의식이 상실되고 있음을 목격하고 있는 것이다. 우리는 사물들에 관해 더 많은 것을 알고는 있지만, 우리 자신으로 돌아와 보다 완벽한 인간의 미래를 이루기 위해 우리가 모든 사물들의 의미에 의문을 던지는 일은 점점 줄고 있다. 수많은 현실들이 현재까지도 미지의 상태로 머물러 있지만, 우리가 이루어 내는 발견들이 너무나 많기 때문에 우리가 현실과 우리만의 여러 한계들을 조금 간과했었음을 깨닫고 있다. 그리고 우리에게 있어서 수천 가지 사실들을 아는 것, 궁극적으로 우리를 지식 획득의 결과로 축소하면서도 나라는 존재, 너라는 존재, 우리라는 존재에 관해서는 더 이상 아무것도 알고 있지 못하다는 점은 위험한 요소로 존재한다. 우리가 다수의 등록된 프로그램들을 사용하여 컴퓨터 전문가가 되었지만 여기에서 이 프로그램들 가운데 한 단위를, 하나에서 다른 것으로 넘어가는 방법을, 우리들 속에서 우리 자신이 타인과 의사소통하기 위해 이 프로그램들 전체 혹은 일부의 사용방법을 규정하기 위한 키를 가지고 있지 않을 때 위험이 존재한다.

서양 의식의 혼란

문화의 이러한 위기는 **나**의 차원과 **우리**의 차원에 있는 의식적 존재라는 개념과 관련이 있다. 서양 문화에서 주체는 갈등을 겪다가 도구의 사용과 통제 속에서 어떠한/자신의 본성으로부터 멀어지면서 형성된다. 이 자연스런 소속감은 육체의 탄생이라는 형태, 어머니와의 혈연관계 혹은 연애 상대자와의 성관계라는 형태로 나타날 수 있다. 또 이것은 우주적 환경과 이어진 개인적 혹은 집단적 관계의 형태로 존재할 수도 있다. 의식적이 된다는 것은 간파한다는 즉각적인 양식, 내가 구축하지 않은 세상 속에 가라앉는 것을 이겨낸다는 뜻이다. 주체가 된다는 것은 육체, 혹은 기술적 도구를 사용하여 고유한 우주를 창조하기 위해 자연적으로 이미 주어진 장소로부터 멀어지는 작용을 수반하는데, 이 도구들 가운데 언어는 가장 특별한 것으로 나타난다.

그런데 생명과 자연적 지혜로부터의 이러한 멀어짐은——만일 이런 식으로 표현할 수 있다면——오늘날 우리가 직면해 있는 예측할 수 없는 결과들을 야기한다. 예를 들면 적어도 겉으로 보기에 문화의 생산과 문화적 정보는 우리가 우

리 자신으로 돌아오는 것을, 지상에 발을 디디는 것을, 타인
(들)과 현재적이고 생생한 관계, 즉 추상적이고 중성적인 보
편성으로는 이미 매개될 수 없는 것이 되어 버린 이 관계를
유지할 수 없게 한다.

세 가지 중요한 모티프들로 인해 의식 상실의 위험이 일
어난다. 첫번째는 정보의 비조직적 다양성의 결과이다. 이 다
양성은 우리를 함몰시키고, 그 앞에서 우리의 지적·영적 구
원책은 이러한 행동에 필수적인 심사숙고를 확신하지도 않
은 채 보편적인 단계로 나아갈 것을 요구한다. 또 다른 위험
은 인간이 다양한 도구들이나 연장들을 통해 자연을 지배하
기를 원했다는 사실, 그러나 그 자신은 이 도구들과 이 도구
들을 이용하여 만든 생산품들에게 점점 더 많이 지배받고
있다는 사실에서 생긴다. 이처럼 오늘날 우리는 우리 각자
를 '나(je)'——오히려 이보다는 J. -P. 사르트르가 쓴 것처
럼 보다 포괄적인 '나(on)'——로, 사용된 대상과 우리가 살
고 있는 견고한 공간의 명령에 복종하는 '나'로 축소시키는
기술의 세계에 둘러싸여 있다. 이 모든 것은 우리 각자가 생
생한 의식을 발전시키고, 공동의 생명을 공유하는 것에도
이롭지 않다. 즉 우리는 이미 꾸며진 세계에 의해 사물들과
우리를 에워싸는 세계의 명령에 복종하면서 서로 고립된 채
로 살고 있다. 예를 들어 《모던 타임스》라는 영화를 다시 보
고, 우리가 여성이든 남성이든 우리에게 자신의 법칙을 강
요하는 기술적 사슬에 이용당한다는 사실을 이해하는 것만
으로 충분하다. 이것은 작업장 밖에서도 마찬가지이다. 이것

이 공동체는 물론 주체가 당면해 있는 현실적 위기의 세번째 모티프를 이룬다.

그리하여 우리는 우리들 고유의 생산과정에서 우리 자신을 상실하고, 결국에는 우리가 물건을 만들어 내는 동기, 즉 자연을 지배하기 위함이라는 것을 망각하게 된다. 게다가 어떻게 보면 자연은 더 이상 존재하지 않고, 우리가 인간 의식으로 부상할 수 있게 한 장본인은 사라졌다. 우리는 만들어진 세계, 두번째 세계, 인간이 주체로서, 즉 **나**와 **우리**로서 규정되는 사실과 연관된 자연적 우주와 더 이상 일치하지 않는 세계에서 살고 있다. 이 두번째 세계에서, 인간의 본성이라는 개념이 자연스런 우리의 정체성과 더불어 대단한 볼거리를 더 이상 지니지 못한다는 사실은 우리에게 다음과 같은 것을 제시한다. 즉 이미 인위적이고 추상적인 본성이 중요한 것이 되었다. 어떠한 기준을 상실한 우리는 우리 본성에 뿌리내리지 않는 추상화와 생동감의 후퇴 사이에서 흔들리고 있다. 개인들·가족들이나 많은 인간집단들에게 있어서 다시금 동물이 우상이 되고, 동물성이 **나**와 **우리**에게 필요한 행동의 모델이 되고 있다.

그리하여 인류는 객관적이지만 추상적인 구축물, 인류가 그 안에서 소외되는 구축물(기술적 세계와 차별 없는 평등이라는 사회정치적 이념 세계, 인간의 시신 혹은 다른 생물체들의 시신에 관한 지식을 근거로 하는 의학적으로 발전된 세계, 인간의 지능과 컴퓨터 프로그램들 사이의 경쟁 같은 것들이 벌어지는 세계가 중요해진다)과 동물적 본능, 혹은 육체적 무기력으로의 후퇴 사이에서 자신의 길을 추구하는 것처럼 보인다.

이 동요는 점점 더 커져 간다. 집단들처럼 개인들 역시 자신들과는 점점 멀리 떨어져 있는 명령들 속에서 분열되고, 그리하여 다소 눈에 보이면서 인간적인 스승들에 의해 움직이고, 친목이나 동물 세계로 돌아가기에 이른다. 그리고 역사의 이 새로운 모습 안에 있는 극단들 사이의 간격을 극복하는 것은 어려운 일이 될 것이다. 특히 이 극단들이 우리가 알고 있는 변증법적 극단들, 즉 한쪽은 생생한 의식이고 다른 한쪽은 미완의 객관성인 극단들과는 더 이상 닮아 있지 않기 때문이다.

성의 극복할 수 없는 중재

그러나 새로운 역사를 열어 가면서 인류의 미래를 추진할 수 있는 세번째 방법이 있다. 이 방법이 우리에게 합리화라는 서양의 전통 양식을 변화시키도록 요구하는 것은 사실이다. 그러나 방법을 바꾸는 것은 의식을 상실하는 것보다는 더 가치 있는 일이다. 즉 우주적 세계, 어머니 혹은 여성의 본성, 생명 혹은 본능의 근원인 자연의 지배를 통해 의식을 형성하는 것을 그만둬야 한다. 자립적이고 추상적이지만 실제로는 객관적이지 않은 인식의 방법을 단념하고 서구의 의식, 서구적 주체, 우리의 '나라는 존재'와 '우리라는 존재'가 남성 주체만의 조정에 굴복하는 것임을, 그리하여 실제로는 보편적이지도 중성적이지도 않은 것임을 파악해야만 한다. 또한 인간적 본성으로서의 자연이 남성적인 것과 여성적인 것 이 둘로 이루어진다는 사실을, 그리고 이 자연이 가꾸어지기 위해서는 이중의 주관성, 이중적인 '나의 존재'를 요구한다는 사실을 깨달아야, 한다.

인식의 변화를 일으키는 이같은 방법은, 아마도 오늘날 우리에게 제시된 가장 문화적이고 가장 영적인 방법일 것이다. 이 방법은 경험의 필요성과 초월의 필요성을 결합시킨다. 사실 이 방법은 새로운 변증법적 관계 속에서 자연적 차이——성·나이·인종과 같은——를 절대적 의식으로 극복할 수 없다는 차이를 만들면서 자연과 문화를 연결시킨다. 이처럼 넘어설 수 없는 차이에 대한 분명함은 항상 한 가지 의식의 지배와 상반될 것이다. 의식이란 자연과, 구체적인 개별성과 연결된다. 다시 말해 의식은 추상적 보편성을 벗어난 채 구체적 상태로 남게 된다.

이런 관점에서 볼 때, 가장 보편적이고 돌이킬 수 없는 차이가 성들 사이에 존재한다. 역사의 새로운 시대의 가능성을 보장하기 위해, 더 단순히 말해서 인간성의 미래를 확신하기 위해 이 차이는 초월의 조건이면서 동시에 경험의 조건으로 나타난다. 사실 이 차이는 의식의 차이라는 극복할 수 없는 차이를 부여하여 끝없는 변화를 부여한다. 게다가 이 차이는 살아 있는 의식들간의 차이와도 일치한다. 또한 하나의 의식을 왜곡된 객관성 속에, 허구적이고 죽은 절대성 속에 가둘 위험은 줄어든다. 마치 본능적 동물성에만 해당되는 것처럼 말이다. 이것은 변증법적 움직임과 변증법적 과정의 파트너인 초월과 재결합에 있어서 다소 무기력하고 독특한 객관성, 혹은 나와 다른 차이점들에 복종하는 주관성을 갖는 것과는 다르다. 이 경우 변증법은 끊임없이 두 의식들 사이의 반복적인 대화가 된다. 그리하여 변증법은 합리적이고 실제적 과정으로 돌아오고 자기 외부의 직접성, 자기 자신의 직접성, 혹은 우리들 사이의 직접성인 자연적 직접성을, 즉 자연을 의식이 지배한다는 방식에 만족하지 않는다.

이때부터 의식의 변화, 문화의 변화는 유일한 주체에게만 맡겨질 수 없다. 서로서로 도치될 수 없는 두 주관성, 즉 남성의 주관성과 여성의 주관성 사이의 상호 작용에서 이 변화가 일어난다. 그리하여 유일한 절대자 혹은 유일신이라는 지평에서 항상 규정되어 왔던, 그리고 자칭 인류의 신경단위 속에 각인되어 있다고 주장하는 유일한 로고스는 더 이상 존재하지 않는다.

여기에는 의미와 구어적 표현, 행동 표현, 조형적 표현 전체는 개방시킨 채 상호 작용 속으로 들어가는 두 가지 언어학적 사슬들이 있다. 남성과 여성 이 두 주체들 사이에는 이른바 아이들이라는 자연적 세대만이 산출되는 것이 아니라 영적 세대, 즉 단일한 목적과 절대성에 생소한 문화도 산출된다. 그리하여 유일한 진실, 유일한 목적, 유일한 우두머리에 의해 강요되는 전체주의 명령의 위험은 전혀 없다.

역사를 위한 새로운 임무

인간의 능력과 기억은 다 소진한 채 인간성이 다 완성되었다고 생각할 수 있었던 시대에, 이중적 주관성의 존재는 우리의 역사에서 아직 알려지지 않은 지평을 열어 준다. 그리고 절대성을 실현하려는 고난을 포기하는 것은 더욱 유용하게 되는데——헤겔의 말을 인용하자면——이 절대성은 언어로 가득 차 있고, 결국에는 절대적 침묵으로 돌아오게 된다. 그리고 자신이 될 수 없는 타자에 대한 존중은 이 침묵을 요구한다.

그리하여 주체의 완성이라는 절대성 자체에 부정적인 의미가 첨가된다. 이것은 무(無)에 이르는 것이 아니라 타자에게 주의를 기울이는 침묵이 되는 절대성이다. 부정적 신학인 이 방법은——이것이 라인 강의 신비에 관한 담화에서 검소한 수녀들이 풍습보다 먼저 상상했던 것인가?——'나라는 존재'와 '우리라는 존재'의 진실과 재결합하기 위해 남성이든 여성이든 모든 철학자들에 의해 오늘날까지 이어졌어야 할 것이다. 사실 주체가 자신의 미래를 완성한다는 것이 유일한 자아에게 낯선 진실, 타인들과 공유해야 할 진실, 우리들이 서로 공유해야 할 진실의 구축과정에서 이루어지는 것은 아닐까? 오히려 절대적 한계에 대한 인식 속에서——타자에 대한 인식——우리 각자는 자신만의 개별적 내면을 가꾸기 위해 주관적으로 자기 자신에게로 돌아오게 되는 것이 아닐까? 우리들 각자는 더 이상 타인을 상대로 싸우는 절대적 공격자가 아니다. 인간적 내면을 구축하는 겸허한 존재가 된다.

　최근의 서구 철학자들은 철학의 목적에 대해, 서양 문화 자신으로 돌아가는 것에 대해, 혹은 그 기원으로의 회귀에 대해, 그리고 의식의 조건인 죽음의 지평에 대해 의문을 제기해 왔다. 이들은 자신들이 연구했던 한계가 의식이 둘이라는 사실 속에서, 그리고 의식이란 자신으로 돌이킬 수 없는 타자에 대한 존중 속에서 규정될 수 있고, 또 그래야만 한다는 사실 속에서 발견될 수 있었다는 것을 생각지 못했다. 그들은 이러한 자각이 철학의, 그리고 심지어 존재론의 새로운 시대의 가능성을 재현할 수 있었다는 것 또한 감지하지 못했다. 그러나 여기에서의 존재론은 '둘로 존재한다'는 사실에 기초하는 것이다.
　분명 우리는 '나로 존재한다'와 '우리로 존재한다'라는 극명하게 다른 두 사실 앞에 있다. 이러한 사실들을 실현하기 위해, 우리가 주의를 기울여야 하는 첫번째 객관성은 과학이나 종교·예술도, 완성된 주관성을 입증할 수 있는 객관성——헤겔에 따르면——이 아니라 각자의 개별성 속에 있는 인간 정체성을 보장하는 권리의 중재이다. 이러한 합법화는 객관적 보호에 힘입어 주체들 사이의 차이, 특히 성의 차이를 보호해야 할 의무를 갖게 될 것이다. 권리의 중재는 여성인 '나'와 '우리'를 가로막는 윤리적 오류를 되풀이

하지 않는, 다시 말해 그들의 (집단적/개별적) 차이를 인정하면서 두 성의 평등한 권리를 보장하는 상징적 세계를 조직하기 위한 보편적인 기초가 될 것이다. 이것은 남(여) 시민 각자로 하여금 다른 성의 문화를 존중한다는 조건하에서 스스로 변화되고 스스로를 가꿀 수 있게 할 것이다.

이러한 견지에서 **나도 우리도** 여전히 잘못 알려진 본능, 잘못 가꾸어진 본능에 의해서는 구조화될 수 없다. 이것은 개념에 의해 지배되는 통일성을 견고히 할 뿐이다. '나로 존재한다'는 것과 '우리로 존재한다'는 것은 유한적 자아에 대한 깨달음, 각자의 개별성을 소멸시키지 않는 개인적·집단적 책임성에 입각하여 구축된다. 차이점은 수직적인 초월성에 의해서가 아니라 나로 만들 수 없는 다른 성, 나와는 다른 성이라는 수평적 초월성에 힘입어 보존된다.

이때 공동체는 상대방을 인식하는 자발적 개인들로 이루어진다. 이 공동체는 하나의 본능, 하나의 의지, 하나의 사상이나, 유목민이나 부족, 교회나 정부의 우두머리를 제외하고는 한 사람의 우두머리에 의해 조직되는 획일적인 시민들이 되지 않는다. 사실 그러한 우두머리는 이미 인위적인 자연성에 근거한 단위인 가족을 확립시킨 가부장과 유사하다. 이 가족이라는 단위에서 남성·여성·아이들이라는 각 구성원은 전체를 이루기 위해 각자의 고유한 특성을 버린다. 자연적 경향은 '개인적'으로 남게 되어 시민 공동체에 복종하고, '문화적'이거나 개념적인 경향은 공동적이고 가시적으로 변해 남성 시민에 의해 지배받거나, 가장 훌륭한 경우 중성적이라고 주장되는 남성 시민에 의해 지배받게 된다.

'나로 존재한다'는 것을 바꾸기 위해서는, 그리고 '나로 존재하는 것'과 '우리로 존재하는 것' 사이의 관계를 변화시키기 위해서는 이러한 가정의 조직을 바꾸고, 가정은 서로 다른 두 주체들 사이의 동등한 계약에 근거하여 다시 정립되어야만 한다. 즉 한 사람의 남성과 한 사람의 여성은, 그들 자신과 공동체를 상대로 '나로 존재하기'와 우리가 커플이라고 부르는 '우리로 존재하기' 사이에서 변화하는 기본 세포가 될 것을 약속하기로 결정해야 한다.

사실 한 우두머리에 의해 전체가 지배되는 사회가 아니라, 관계 속의 존재로 조성되는 사회는 각자의 본성을 존경하면서 끊임없이 본능에서 문화로 나아갈 것을 약속하는 수많은 커플들로 이루어진다. 보다 완성도 높은 인간집단을 형성하는 일이 이와 다른 방식으로 이루어질 수는 없을 것 같다. 마찬가지로 민주주의 이상에 따라 이 공동체를 구축하는 일은, 주체들 사이의 수평적 관계라는 모델 대신 항상 단일한 위계 질서를 근거로 하는 혈통의 질서라는 전능함을 포기하지 않는 한 불가능하다. 성별간의 관계는 수평적 관계의 창출에 있어서 특히 이로운 장소처럼 보인다. 이 수평적 관계들이 사적 생활이나 공적 생활에서, 성인들 사이에서나 아이들 사이에서 실행되기 때문이다.

'나로 존재하기'와 '우리로 존재하기'는 이렇게 변화될 것이다. 이들은 '관계 속의 존재(들)'로서 더욱 구축되고 키워질 것이다. 사회집단에서와 마찬가지로 개인과 관련된 영역에 있어서도 마찬가지이다. 이 관계들은 경험과 초월의 차원에서 구체적으로 남을 것이고 어떠한 개별성도 희생하지 않으면서, 그리고 일시적인 구축물의 요구들을 존중하면서 순간의 요구와 영원의 요구를 결합시킬 것이다.

이것이 차이를 인정하는 사랑에 대한 신비감들 가운데 하나가 될 것이다. 즉 객관적으로 또 고독하게 절대적 이상을 실현하기를 주장하지 않으면서도 이 절대적 이상을 직관하거나 힐끗 볼 수 있는 것이다. 이 이상을 길 전체를 환히 비추는 별, 과거와 현재 그리고 미래에 대한 충실함 속에서 추구되어야만 하는 별이어야 한다는 조건에, 이 충실함이 각자의 '나'와 각자의 '너'의 개성을 포기하지 않는 것이어야 한다는 조건에 두면서 말이다.

가정이 둘로 나누어지기 시작하다

최근 어떤 토론 형식의 자리에서, 나는 남성과 여성간의 보다 의식적이고 문화적인 연대 위에 가정이 재정립될 필요성을 설명했다. 그러자 한 남성이 끼어들어 가정이 둘이 아니라 셋으로 나누어지기 시작했다고 말하였다. 나는 이러한 입장에 동의하지 않는다. 내 생각에 가정은 가장 일반적으로는 남성과 여성 이 두 사람이 지속적으로 함께 살기로 결정하고, 고풍스런 표현을 차용하자면 근본적으로 아름다운 '안식처를 만들기'로 결정할 때 생긴다.

안식처를 만든다는 것은 특히 식사를 하고 몸을 따뜻하게 하고, 서로 모이는 장소인 집안의 화덕으로 종종 간주되는 공간을 중심으로 삼아 새 거처·새 집을 세우는 것이다. 그리하여 고대 그리스에서 어머니는 막 결혼한 딸의 집에 불을 피우기 위해 자기 집의 화덕에서 불씨를 가져왔다.

실제 가정은 셋이 아니라 둘에 근거한다. 가정을 셋으로 만드는 것, 그것은 가정을 헤겔이 기술한 획일적 단위로 축소하는 것이다. 이 단위에서 남성과 여성, 하나 혹은 여러 명의 아이들은 자연성으로 굳어진 전체 속에서 자신들의 고유한 정체성을 상실하거나 그것과 멀어진다. 그러나 이 자연성은 물리적·심리적 혹은 법적 개별성을 소멸시키는 것, 이미 추상화되고 중성화된 성질이다.

이러한 유형으로 조직되는 가족에게 상호 존중하는 가운데 지속적으로 함께 살아가겠다는 성인 남성과 여성 사이에 맺어지는 결합은, 자연적 번식이라는 필요성에 따르는 남성과 여성·아이의 속박 상태 앞에서 와해된다. 이 번식 자체가 사회·국가적 재생이라는 명령에 복종하기 때문이다.

이 경우 가정은 더 이상 사랑의 장소, 특별한 영혼의 장소로 나타나지 않고 다소 획일화된 총체, 출산과 족보 혹은 혈통, 부모의 권위, 특히 아버지의 권위와 재산의 소유 등에 의해 지배되는 총체로 나타난다.

가족 질서의 쇠퇴

이러한 가족적 질서는 점점 위기에 처하게 되어, 그 조직은 이 시대의 문화에 저항하지 않는다. 가정은 모든 면에서 폭발하고 있다. 아이들은 어머니와 아버지 사이를 오락가락한다. 가족집단의 이러한 파괴는 고통과 혼란·절망을 가져온다. 모든 남성들과 여성들에게, 부모들과 아이들에게 말이다. 억압의 징후들도 나타난다. 마치 과거의 안정을 재확립하기 위해서, 과거처럼 많은 수의 아이들을 낳기 위해서 약간의 권위를 가지고 끼어들기만 해도 충분한 것처럼 말이다.

이러한 해결책은 실제적이지도 못하면서 비효과적이고 거의 바람직하지도 않아 보인다. 사실 인류에게 있어서 미래의 기회들은 동물적 세계에 속해 있는 상태로부터 멀어지는 과정 속에 있으므로 보다 완성도 높은 인간의 정체성을 획득하게 된다. 인류에게 있어서 미래의 가능성들은 개인을 위해서나 가정을 위해서나 자연적이고 단순한 정체성으로 회귀할 때 생기는 것이 아니다. 이것은 가정이 이미 한 개인과 개별적 본성과의 관계를 변질시킨 사회-문화적 명령에 복종하는 것만큼이나 희박한 일이다. 이때부터 가정은 각자의 성에 알맞은 현실적 교육을 결핍하면서 자리잡고, 여기에서의 욕망은 본능과/혹은 패륜의 차원에서 방치되거나 유지되며, 국가와 이와는 다른 방식의 종교집단을 위해서 이 본능과 패륜은 부모의 희생을 통해 만회된다.

이같은 사회-문화적 조직은 인간적 미숙함을 전제로 한다. 이 미숙함은 동물계에 속하는 습관 혹은 의식들, 우리가 매우 관대한 사실로 생각하는 행동 속에서 나타나는 습관이나 의식들로 규정된다.

마찬가지로 이러한 질서는 외적으로는 남성과 여성간의 관계로 규정된 법칙과 규범의 체계를 함축한다. 국가의 입법·사법의 권력들, 그리고 각양각색의 교회 권력은 두 사람에게 경험될 수 있는 육체적 관계를 막으면서 육체적 관계의 가장 은밀한 부분에까지 이 법칙들과 규범들을 강요하고 인정한다. 둘에 대한 태도는 시민적·종교적 혹은 자연적 성격이라는 제3의 개입이 없었다면 아마 금지되었을 것이다.

이 제3의 강력한 존재가 둘에 대한 태도가 아직 존재하지 않음을 의미하는가? 아니면 이 존재에게 이 태도의 발생을 막으려는 목적이 있는가?

그렇다면 왜 이 관계가 추구되고 성취되는 지점에서 사람들은 강요 혹은 금지라는 인간적 혹은 신적인 법률에 호소하는가? 그들이 인간이라는 사실을 상기시키기 위해서인가? 이 경우 왜 육체, 즉 번식이라는 가장 물리적인 이름을 붙이는가? 둘이라는 용어를 하나라는 용어와 혼동하게 되는 이름을 붙이는가? 여기에서 하나라는 용어는 서로 사랑하는 사람들, 즉 남성과 여성의 육체와 욕망을 한 덩어리로——아이의 육체가 아닌 한 이것은 이미 추상적인 개념이다——축소시킨다.

이 모든 것이 이처럼 우두머리-아버지의 권위에 굴복하는 번식 위주의 부족이 되어 버린 인간의 가정에게는 길조(吉兆)처럼 보이지 않는다.

많은 사람들은 이러한 권위를 더 이상 바라지 않는다.

우선 여성들은 단순히 번식의 밭으로서 고려되는 것을 점점 더 거부하고, 말과 욕망·자유·'영혼'에 대한 권리를 주장한다. 이것이 이 여성들이 아이들을 더 이상 원치 않는 것을 의미하는 것이 아니라 자기 몸에 아이가 잉태되는 것에 대해 '네'라고 말할 수 있기를 의미하는 것이며, 여성들이 육체와 언어로 이루어진 아이들을 원하는 것이지 어머니가 아버지의 영혼에 의해 아이를 잉태하는 육체에 머물고 마는 전통적 양식을 따르는 것은 아니다. 여성들은 육체와 언어를 통해 남성과 함께 공동의 창조물을 만들고자 하는 것이지, 단순히 물질적이든 정신적이든 남성의 씨앗을 수동적이고 조용히 받아들이기를 원하는 것이 아니다. 여성들은 자신들의 분명한 성격으로, 또 그들의 정신적 능력으로 결정할 것을 주장한다. 여성들은 사적 혹은 공적인 가부장적 질서에 복종하기를 거부한다. 가부장적 역사라는 단계는 후퇴이든 실제적 도약이든 어쨌든 소멸중인 것처럼 보인다. 이러한 후퇴에는 분명 여성해방운동과, 가부장적 법칙의 용어로 여전히 매우 빈번하게 표현되고 있기는 해도 여성의 개인적 의식을 확장시키고 고통과 쾌락의 박탈, 육체적이고 정서적인 수동성으로의 위축을 운명으로 수락하지 말라고 여성을 부추기는 정신분석학적 문화 또한 크게 기여하고 있다.

아이들도 아버지의 권위를 비난하고 있다. 그리고 아이들이 새로운 미래로 나아가는 확실한 길을 아직까지 발견하지 못했다 해도, 이 아이들은 과거의 가부장적 법과 규범에 응하기를 거부한다. 대신에 부모들은 그들에게 친구로, 아주 절친한 사이로 받아들여진다.

아버지만이 권위를 지녔던 시대는 전복된 것처럼 보인다. 확실히 우리는 이 후퇴의 격렬한 발작적 움직임을——여성들편에서 이루어지는 것처럼——그리고 절대적 권위의 모색을 목격하고 있다. 변화의 시대들은 가장 최고의 자리에 있는 존재와 가장 낮은 존재가 모두 드러나게 되는 동요에 굴복한다. 예를 들면 문화 혁명의 초기에는 폭동에 앞서 일어나는 억압보다 훨씬 끔찍한 형식적 억압이 뒤따르게 마련이다.

그리하여 가정 내 아버지의 권위는 가정 자체에서는 물론 다양한 가정의 형태인 정치, 혹은 문화집단에서 반박을 받고 있다. 그리고 가정이 구출되고 회복되는 것은 가부장적 억압에 의한 것이 아니다. 또한 비록 일반적으로 자연계에서 비교적 덜 추상적인 관계를 수반한다고는 해도 모권제로의 회귀 역시 더 이상 가장 최선의 해결책은 아니다.

자연적 정체성에서 시민적 정체성으로

인류의 변화에 보다 새롭고 보다 적합한 세번째 길이 있다. 그것은 부모의 권위, 아버지나 어머니의 권위에 기초하지 않고 여성과 남성, 남성과 여성간의 사랑에 기초한 가정을 다시 세우는 것이다.

생각해 보기 전에 몇몇 (남성/여성) 학자들은 이같은 일이 항상 이루어져 왔다고 말할 것이다. 그러나 그렇지 않다. 몇 년 전에 한 소녀가 아버지에 의해 구혼자에게 이끌려졌고, 돈과 부동산, 땅과 이름 등이 해당되는 지참금을 받는다는 조건으로 남성은 이 소녀를 신부로 맞이했다. 두 약혼자 사이의 사랑은 그러므로 가부장적 의식에 예속당한 것이다. 이 가부장적 의식은 사랑을 한 남성과 한 여성 사이의 성숙한 결합이 아니라, 가정과 가정 사이에서 몇 가지 조건을 이익으로 삼을 수 있는 계약적 결합으로 고려했다.

이러한 역사적 단계의 수많은 흔적들이 남아 있다. 특히 법 분야에서 그러하다. 그리하여 프랑스에서 결혼의 법적 적령기는 남자는 시민으로서의 성년의 나이인 18세, 여자는 신체적 성숙기의 나이인 15세이다. 결혼이 유효해지려면 여전히 성인이 아닌 소녀는 부모의 동의를 얻어야 한다. 그리하여 소녀는 먼저 여자 성인 시민에 접근하지 못한 채 어떤 식으로든 아버지의 권위에서 남편의 권위로 옮아간다. 가장 발전된 대부분의 시민법들에서 또 다른 독특한 예를 볼 수 있다. 아버지와 어머니 사이의 부모 권위의 분담이 최근에 법적으로 이루어졌다는 것이다. 그리고 여성이 이를 행사할 수 있는 것은 중성 혹은 남성적 차원이지—— '가족 부양자' 로서——여성으로서가 아니다.

여성에게는 여전히 시민으로서의 정체성이 없다. 이러한 책임 회피의 징후들 가운데 하나가 국가와 종교단체들이 여성의 신체, 예를 들면 그들의 임신에 관한 법률 제정의 권리를 갖고 있다는 것이다.

또 다른 표시는 여성을 상대로 한, 여성의 신체를 상대로 한 유혹 혹은 폭력은 항상 사회적 사실, 다소 관습법처럼 나타나 국가와 교회들은 일반적으로 이러한 주제에 관해서 침묵을 지킨다는 점이다. 여성은 아직까지 아버지·남편·남성 시민들에게 그 권한이 있는 사유물, 혹은 공공의 재산처럼 나타난다. 막상 이에 관련된 여성들은 아무 말도 못하는 채로 말이다. 그리고 몇 가지 판례들에 따르면, 만일 남성이 한 여성을 강간한다 해도 그가 죄를 짓는 것은 오로지 자신의 의식 혹은 신을 상대로 한 것이지 여성에 대해서가 아니다. 그렇다면 여성은 어떻게 스스로를 방어할 수 있을까? 여성은 시민의 자격으로 볼 때 아무 존재도 아니다. 여성은 남성의 성적 본능·욕망, 혹은 아이에 대한 필요성 등에 따라 마음대로 처분할 수 있는 육체-자연이다.

때때로 이 육체-자연은 실제로, 혹은 상징적으로 울고 소리치고 할퀴거나 물어뜯는다. 그러나 이 육체는 여전히 시민으로서의 개인이 되지 못한다. 혹자들은 사적 혹은 공공의 이익을 이용하여 친근하고 달콤한 말로 이 육체-자연을 위로하고, 치유하려고 한다. 그러나 그렇다고 해서 이러한 시도가 육체-자연인 여성을 시민으로 변화시키지는 못한다.

시민의 위상에 접근하기 위해 여성은 자연적 정체성으로부터, 특히 강요된 자연적 정체성으로부터 시민적 정체성으로 나아가야만 한다. 거기에 가장 극단적이고 필수 불가결한 여성의 진보(혁명)가 있다. 여기에는 여성이 단지 가부장적 세계를 비난하고 남성의 영역 밖에 있음을, 남성과는 다른 존재임을 확신하는 것만 해당되는 것은 아니다. 자신의 지평 너머로 나아가기 위해, 여성은 역사적 우주라는 의식을 지니는 것에 만족해서는 안 된다. 여성은 여성으로서의 자의식을 가져야만 한다. 이 임무는 매우 힘겹다. 수세기 동안 자연적 정체성, 혹은 노예라는 의식에 머물렀던 사람이 갑자기 자의식을 지닐 수는 없다. 자신의 독특한 성격을 책임지는 것, 자신의 이 독특한 성격에 하나의 종지부·목적·방향성·'영혼'을 실제적으로 부여하는 일이 하루 아침에 실현될 수는 없다.

　그리고 다양한 여성해방운동들이 몇 년 동안 주목할 만한 결과들을 이루었다 해도, 이 운동들이 이 단계와 연결된 것은 아니다. 일부의 여성들은 일반적으로 남성 세계에 대한 비판과 반대, 또 남성 세계와 유사한 세계를 이룰 것을 지지한다. 다른 일각에서는, 특히 사회적 혜택을 성취함으로써 남성들과 평등해졌다는 것에 만족해한다. 이들 모두는 종종 오로지 감정적 차원, 주관적 차원에서의 차이를 인정해 왔다. 여성들에게 독특한 정체성을 확신시키고, 하늘과 땅의 다른 절반과의 연대를 가능케 하는 객관적 차원을 촉구하지도 구축하지도 않은 채로 말이다.

　시민으로서 자발적 여성의 이러한 변화에 국가와 종교단체들은 물론 여성 자신들도 반기를 든다. 보통 이 여성들은 사춘기 혹은 사춘기 이전의 나이에 있으면서 오늘날의 성인 세계에 반대한다. 그러나 그들 역시 진정한 인간적 성숙에는 접근하지 않으면서 이 성인 세계를 모방하는 동시에 비난한다. 이 여성들은 분명 아이를 가질 수 있지만, 이것이 그 자체로 특히 인간성에 대한 어떠한 것을 갖지는 않는다. 물론 이 여성들은 어머니가 되지만 어린 여자아이 혹은 소녀라면 다 그렇게 될 수 있다. 그리고 집안의 하녀도 마찬가지이다. 여성에게 있어서 인간적 성숙함의 표시가 될 수 있는 것은 남성 세계에도, 여성 자신만의 성격에도 구속당하지 않으면서 여성으로 남는 것일 터이다. 여성은 자연성에 대한 단순한 복종에서 벗어나야 한다. 그렇다고 해서 사랑을 선택할 권리, 어머니가 되기로 결정할 권리와 같은 자연성을 부정하는 것은 아니다.

영적 여정으로서의 육체의 공유

이것은 말로는 간단해 보인다. 사실 이러한 선택들이 저절로 이루어지지는 않는다. 욕망의 주체에게, 욕망의 대상에게, 욕망을 부추기는 대상에게도 상처를 주지 않으면서 욕망 속에서 자발적으로 남기는 어렵다. 이것은 아직 우리에게 부족한 내재성의 구축을 필요로 한다. 이 내재성은 아마도 여성에게는 독특한 초월성으로 나아가는 것처럼 나타날지도 모른다. 이것은 도치할 수 없는 두 세계들 사이를 이어 주는 다리를 견고히 하면서 타인을 존중하고, 자기 체면을 지킬 것을 함축한다.

만일 이러한 의무가 오로지 자연적 정체성, 번식, 부모로서의 역할에만 달려 있다면, 남성과 여성 사이의 결합은 인간의 성숙함에 이르지 못하고 각 개인의 독특한 정체성은 가족이라는 단위 속에서 소멸된다. 이때 가족은 현재에서는 제도화된 조직이라는 수평적 사슬로 나타나고 혈통적인 조상이나 후대, 그리고 역사의 흐름에서는 수직적 사슬로 나타난다. 가족은 인간의 성숙을 완성하는 장소가 아니다. 그것은 다소 동물적 종족으로 남는다.

인간의 정체성 실현의 방법은 육체적 사랑을 버리고 부정적인 정숙함을 유지할 때가 아니라 본능——생식의 차원에서도 마찬가지이다——과 가로챔, 소유를 넘어설 수 있는 육체의 공유, 일체의 차이와 초월성을 전혀 모르는 소위 자연적 상태로의 회귀 속에서 일어나는 의식의 추락이나 소멸을 뛰어넘는 육체의 공유 속에서 오히려 발견될 수 있다.

이때 육체의 공유는 영적인 길, 시적이고 신비하기도 한 길이며, 육체의 순수하고 단순한 포기보다 훨씬 엄격한 의미의 정숙한 길이 된다. 왜냐하면 이 순수하고 단순한 포기는 아직 환상과 비현실적이고 이념적인 산물을 포기하지 않기 때문이다. 그리고 이 비현실적이고 이념적인 산물들은 자주 주체와 주체의 상호 작용을 소멸시킨다.

육체의 공유는 한계에 대한 인식과 타인에 대한 존중에 가담한다는 인식 속에서 자기 실현의 방법과 경험을 발견하게 된다. 사랑은 타인인 상대방, 바꿀 수 없는 타인의 존재에게 마음을 열고, 자신만이 전체이고 유일하다는 사실을 버림으로써 둘로 완성된다. 사랑은 타자의 초월성을 받아들이는 장소인 자신을 받아들일 때 발생한다. 이 경우 추락이나 재추락은 전혀 일어나지 않는다. 오히려 사랑은 상승이고 야곱의 사다리이며, 육체의 전환이나 변형이다.

육체의 이러한 완성의 길은 뤼스 이리가라이라는 사람의 독단적 꿈에, 세기말의 유토피아에 해당하는 것이 아니라 인류가 실현해야 할 새로운 단계이다. 이 단계만이 가정을 역사적 발전이라는 의미 속에서 재확립시킬 수 있는 유일한 것처럼 보인다. 이러한 가정은 정치적으로는 보다 실제적인 민주주의로, 종교적으로는 새롭고 '성스러운' 결합처럼 나타난

다——비록 이 결합이 법적 결혼을 통해서만이 축복을 받는
다 해도 말이다——왜냐하면 서로 사랑하는 두 사람이 상대
방에게 혼인의 '성사'를 부여하기 때문이다. 그리고 이 혼인
의 '성사'에는 결혼생활과는 다른 성직자의 생활을, 보다 사
회적이고 공적인 장관의 직책을 부러워할 어떠한 것도 없다.

　성의 비밀과 금기가 일부 상실된 시대에 육체의 공유를
영적인 방법으로, 혼자만의 욕구를 치유하는 '구원'의 길로
만드는 것은 가정의 재정립에 훌륭한 지평을 열어 준다. 가
정은 억압이나 육체 착취의 공간이 아니라 시적이고, 게다가
신비로운 과정이 일어나는 공간, 사랑의 공간이 되며, 감정
적으로나 지적으로 자신과 타인이라는 개념을 버림으로써
타인과의 사랑을 성취할 수 있다는 목적을 위해 자신만의
절대적 사랑을 버리는 길이 된다. 성은 더 이상 맹목적인 퇴
폐에, 무정부적인 유혹에, 다소 추상적 에너지의 생산에 만
족하지 않는다. 성은 어떠한 기술을 통해 지배하기를, 거기
에 종속되기를 주장하지도 않는다. 성은 아직 알려져 있지
않은 지혜를 향한 자신과 타인의 개방을 받아들이게 된다.

　감지하고 접촉하고 말하는 모든 방식이 달라진다. 이 모든
것이 타인을 존중하는 두 사람에게 일어나고 실현되고, 타
인의 불가역성은 빛을 발하는 신비적인 것으로 변화한다.

　그리하여 본성은 더 이상 억제되지 않고 자신의 리듬과
요구 속에서 자신의 미래와 성장의 길로 합쳐진다. 애무의
행위는 강탈하고 유혹하고 빼앗는 의미를 버린다. 그러나
이 행위는 최근 사르트르·메를로 퐁티·레비나스 같은 몇

몇 남성 철학자들의 담화 속에서 여전히 이러한 의미를 담고 있다. 애무는 우리가 나와 너라는 두 사람으로 존재한다는 사실을 일깨우는 분명한 말로, 그것은 자신과 타자를 자각시키고 명철한 판단력을 버림으로써 보다 은밀한 불빛과 감각의 불빛, 육체와 어쩌면 정신의 불빛과도 결합하게 한다. 애무하는 것은 더 이상 모성적 위로, 고통의 치유에 그치지도 않고 유년기·동물성, 구체적인 무의식으로의 재추락을 일으키지도 않는다. 애무는 인간의 성숙을 향한 총체적인 성장 방식이 되는데, 이 성숙은 지적 능력이나 부의 소유——그 중에는 사랑받는 남성(여성)과 아이들의 육체가 있다——집·가정이라는 작은 세계로부터 시작되는 세계에 대한 지배력과 혼동되어서는 안 된다. 육체적인 것을 포함한 사랑은, 남성과 여성 사이의 관계인 공동체의 기본 단위를 통해 인간의 새로운 정체성을 구축하게 된다.

부모되기, 시민되기

충분한 사랑이 남성과 여성의 변화와 다른 결실을 원할 때 아이의 출생은 저절로 이루어질 것이다. 그러나 혈통이 남성과 여성·아이의 정체성을 훼손시키는 고통 속에서 미리부터 사랑의 한계로 부과되어서는 안 된다.

자신의 제안을 뒷받침하기 위해 세계인권선언문의 16(3)조를 상기시키면서, 최근 요한네스 파울루스(요한 바오로) 2

세가 카이로 회담에서 모든 국가의 대표들에게 써보냈던 바와 같이, 가족에게 일어날 수 있는 미래가 '성스러운 것'으로 간주되는 자연적 성격 속에 있는 것처럼 보이지는 않는다. 이 인권선언문의 해당 조항은, 가정은 "사회의 자연적이고 기본적인 요소이다"(《교황 요한네스 파울루스 2세의 기록》, 1994년 4월 8일 오세르바토레 로마노, 1994년 5월 15일 《가톨릭》 기록에 불역됨)라는 사실을 명시한다. 이러한 조항들은 매우 순진한 이교도적 유산처럼 보이고, 특히 그리스도교적 역사의 흐름을 철회한다.

가정의 미래를 보장할 수 있는 것은, 가정을 자연적 차원으로 축소시키는 것이 아니라 서로의 차이를 인정하면서 남성과 여성이 결합할 수 있는 문화이다. 이것은 본성이 의식으로 변화할 것을 함축한다. 이 두 사람이 육체적 사랑을 포함한 모든 사랑 속에 있고, 계속 이 상태에 머물기 위해서 사실 육체는 의식을 통해 자각된 육체가 되어야만 한다. 남성과 여성은 동등한 권리를 누려야 하고, 육체와 주관성의 차이를 통해 본성과 의식을 어떻게 결합시켜야 하는가를 함께 발견해야 한다.

만일 이들이 이처럼 자신들의 결합을 이루어 낸다면, 남성과 여성이 공동의 삶을 민주적으로 공유하기 위한 준비를 갖춘 시민들이 되리라는 것은 의심의 여지가 없다. 즉 여기에 이르기 위해 가장 어려운 단계를 사실 그들은 이미 뛰어넘은 셈이다.

이러한 애정의 여정은 남성과 여성이 동등하게 부모로서

의 정체성을 획득할 수 있도록 이끌 것이다. 두 성간의 수평적 공존, 가장 필요한 공존, 가장 바람직하지만 가장 실현하기 어려운 이 공존은 자연적으로나 정신적으로나 조상들에 대한 존중과 미래의 세대들을 향한 애정에 이를 것이다. 그러나 **나중에** 저절로 실현될 일에 **앞서** 강요나 장애물들을 강제로 부여하는 것은 옳지 못하다.

가정을 확립하거나 재정립하기 위해 첫번째이면서 중요한 의무는 남성과 여성, 여성과 남성 사이의 사랑 내부에 있다. 이들은 욕망의 이름으로 지속적으로 함께 살 것을 결심하고, 그들 내부에 또 그들 사이에 피어난 일시적인 매력을 사랑의 지속으로, 순간에서 영원으로 결부시킬 것을 결심한다.

내가 아닌 타자에게 다가가기

우리는 우리에게 즐거움을 주는 모든 것을 우리가 살고 있는 장소에서, 또 우리의 사생활에서 허용되는 모든 것을, 우리를 에워싸는 모든 것을 우리 것으로 만들도록 교육받아 왔다.

인식의 차원에서, 감각의 차원에서 우리가 접근하는 것, 우리에게 접근하고 있는 것을 우리는 소유한다.

합리화라는 방식, 심지어 사랑하는 방식까지도 소유화에 일치한다. 우리의 문화, 학문 교육, 우리의 문화 형성도 다음과 같은 소유화를 원한다. 배우고 아는 것, 그것은 우리가 확신하는 바대로 현실 자체를 포착하고 제 것으로 만들며 지배할 수 있는 인식의 도구를 사용하여 존재하는 모든 것, 우리가 감지하는 모든 것과 그 이상의 것을 자기 것으로 만드는 것이다.

우리는 세계 전체를 머릿속에, 때때로 우리의 마음속에 담고자 한다. 이러한 행위가 세상의 생명력을 이미 끝나 버린 어떤 것, 죽어 버린 어떤 것으로 변형시킨다는 사실을 우리는 감지하지 못한다. 왜냐하면 세상은 우리에게 항상 낯선,

우리의 외부에 있는, 우리와는 다른 그 독특한 생명을 상실하기 때문이다.

그리하여 만일 우리가 봄을 이루는 모든 것을 정확하게 간파했다면, 우리는 아마도 봄의 만개라는 신비 앞에서 느끼는 황홀한 명상을 상실했을 것이고, 그 생명력과 생기를 상실했을 것이다. 우리에게 생기를 불어넣는 기쁨과 힘·욕망이 어디에서 오는가를 알 수도, 이 장소를 지배할 수도 없을 때에 이 우주의 변화는 우리를 이 생명력에 참여시킨다. 만일 우리가 봄이 시작될 때에 우리에게 생기는 에너지의 각 요소를 분석할 수 있었다면, 그로 인해 우리의 모든 감각과 신체, 우리의 온 정신이 그 속으로 젖어들면서 경험하는 이 전반적 상태를 상실했을 것이다.

이 상태를 나는 다행스런 상태라고 말하고 싶은데, 봄이 우리를 이끄는 상태에서 부분적으로나마 이따금씩 봄을 재발견하기 때문이다. 이때 우리는 새로운 풍경 속에, 특별한 우주적 표출 속에 잠기고, 우리에게 감지될 수 있으면서 동시에 감지될 수 없는, 인식되면서 동시에 인식되지 못하는, 눈에 보이면서도 보이지 않는 주변 속에 젖어들게 된다. 이처럼 우리는 우리의 통제를 벗어나는, 우리의 기술과 우리의 발명·상상을 벗어나는 하나의 장소, 하나의 사건 속에 처해 있다. 그리고 이 '신비'에 대한 우리의 대답은 번식·단순한 반복·통제·소유화가 아니라 경이·황홀함·찬사, 이따금씩은 의문 같은 것들이고, 그러한 것들이 될 것이다.

너, 바꿀 수 없는 초월성

봄이, 몇몇 풍경들과 몇 가지의 우주적 현상들이 우리 내부에 불러일으키는 상태는 때때로 타자와의 만남 초기에 생긴다.

타인이 전반적이고 인식할 수 없는 방식으로, 제어할 수 없는 방식으로 우리와 접촉하면서 우리를 가장 감동시키는 것은 우리들이 맺는 관계의 초기 순간이다. 그리고는 아주 빈번하게 우리는 타인을 우리의 소유물로——인식과 감각·문화를 통해——만든다. 우리들의 지평으로, 우리들의 세계로 들어서는 타인은 그의 매력인 독특성을 상실한다. 그의 모습은 육체적이면서 동시에 정신적인 깨달음을 우리와 교감하면서 어떤 신비감으로 우리를 둘러싼다. 그러나 우리는 이 타인을 우리로 축소시키고, 이번에는 우리가 그를 에워싼다. 우리의 지식과 애정, 우리의 관습으로 말이다. 결국 우리는 더 이상 그를 보지 못하고 듣지도 느끼지도 못한다. 그는 우리의 일부가 된다. 우리가 그를 거부하지 않는 한 말이다.

타자는 안 혹은 밖에 있는 것이지 안과 밖 모두에 있는 것이 아니다. 우리에게 외부인·이방인·타자로 있으면서도 우리 자신을 이룰 수는 없다. 우리는 이, 타자의 이타성 자체로 인해, 그 혹은 그녀가 여전히 우리에게 드러내는 끝없음으로 인해 이 타자의 신비감을 깨닫는다. 따라서 타자가 우리를 비추는 때는 우리가 이 타자를 깨닫지 못할 때, 혹은 우리가 채 인식하지 못하고 있다는 사실을 우리 스스로가 인정할 때이다. 그러나 이때 우리를 비추는 빛을 우리는 이해할 수도, 분석하고 우리의 것으로 만들 수도 없다. 타자의 전체성, 봄의 전체성, 이따금씩 주변 세계의 전체성은 우리의 인식 자체·판단, 우리의 것이 될 수 있는 것, 우리의 소유물이 될 수 있는 것, 어떤 식으로든 우리만의 것이 될 수 있는 것을 넘어서 우리와 접촉한다. 다소 학문적인 용어로 말하자면 타자, 내가 아닌 존재인 타자는 우리가 그것을 풀어서 설명할 수 있는 일체의 것을 넘어선다고 말할 수 있을 것이다. 결코 타자는 우리가 그에게 부여하는 이것 혹은 저것이 아니다. 타인이 항상 **나**와 다르고 **나**에 의해 소유될 수 없는 **너**로서 출현하는 것은, 그가 우리의 판단 자체를 벗어나기 때문이다.

우리로 환원될 수 없는 존재, 우리가 그의 전체성을 인식할 수도, 감지할 수도 없는 존재인 **너**를 인정하는 일에 우리는 익숙지 않다. 이 **너**를 우리의 문화는 일반적으로 신에게, 더 나아가 하느님 아버지에게 맡겨 왔다. 우리의 사고 습관들, 현재 여기에서 우리에게 나타나거나 우리와 함께 있는 ──육체적으로, 정신적으로── 타자에 관한 윤리적, 혹은 정치적 관습들은 우리에게 귀속될 수 있다는 의미, 우리의 것이 될 수 있다는 의미, 혹은 어떤 식으로든 인식의 '대상'이나 애정의 '대상'으로 귀결되는 그, 가끔은 그녀로 변형시킬 수 있다는 의미에 훨씬 더 가깝다.

따라서 세계화와 이민이 필수적인 이 시대보다 타인에 관해 그토록 많이 이야기한 시대는 아마 결코 없을 것이다. 그러나 아주 빈번하게 이 타자는 연구의 대상, 어떤 식으로든 우리와 우리가 살고 있는 세계에 통합시킬 것을 목적으로 삼는 다양한 사회-정치적 전략의 기능에 이른다. 우리는 이방인·타인과의 만남이라는 문제를 이렇게 회피한다. 우리는 이러한 타자를 통해 저절로 감동받고, 의문을 품으며, 변화되고 풍부해지는 것을 피한다. 우리는 주체들 사이에 상이하지만 동등한 가치들이 공동으로 거주하거나 공존할 수 있기 위한 방법을 모색하지 않는다. 우리는 우리가 될 수 없는 너와의 대화를, 결코 나, 나 자신, 나의 것이 될 수 없는 그 혹은 그녀와의 대화를 피한다. 그리고 바로 이러한 이유로 인해 이 타인은 너, 내가 대화를 나눌 수 있는 누군가가 될 수 있다. 그 혹은 그녀가 나로 환원되지 않고도, 나 역시 그 혹은 그녀로 환원되지 않은 채 말이다.

타인인 너의 초월성은 실제 여전히 우리 문화에 속하지 못한다. 오히려 타자는 관용이라는 이름으로 존중되고, 신의 영역에서 사랑을 받으며 동등한 이, 혹은 유사한 이로 인정된다. 그러나 이것은 여전히 타자의 불가역성을 간파하고 존중하는 단계에, 나와 관계 있는, 바꿀 수 없는 그의 차이를 인정하는 단계에 이르지는 못한다.
주체에 의한 이러한 해방, 있는 그대로의 그, 그가 알고 있는 것, 그가 자신의 것으로 만든 것에 대한 나의 내버려둠,

그리고 그 자신을 그대로, 타인으로 머물러 있는 이방인을 받아들이기 위해 고유한 세계, 친근한 것으로 경험된 세계의 이러한 열림은 우리의 정신적 습관들, 서구의 논리와는 일치하지 않는다. 우리를 벗어나고 우리를 넘어서며 우리에게로 환원되지 못한 채 외부에, 이방인으로 남는 존재와 더불어 함께 살고, 공존하고, 심지어 함께 창조하기 위해 우리의 한계를 받아들이기보다 이성을 지배하는 방식인 지배와 통제를 우리는 배워 왔다.

감각과 지성, 자연과 영혼, 육체와 정신, 주체와 객체 등과 같은 몇 가지 이분법들을 바탕으로 우리는 사고(思考)의 방식을 배웠다. 그리고 우리는 타자의 문화, 타자와 연관된 어떤 문화, 우리로 환원시킬 수 없는 타자에 대한 인식의 문화와 결합하기 위해, 또 우리 각자의 가치와 한계들을 인정하면서 그 혹은 그녀와 결합하기 위해서 이러한 범주들을 어떻게 개조해야 하는가를 모른다.

더 나아가 우리는 때때로 훌륭한 가부장제, 훌륭한 모권제에 속한다. 그러나 자연과 위계 질서를 내포하는 이러한 혈통 행위는 여전히 타자와의 만남을 회피한다. 그 혹은 그녀를 수평적으로, 나와 동등한 자로 인식해야만 한다. 그 혹은 그녀의 차이(들)를 철저히 존중하면서 말이다.

우리 시대의 두 가지 사건이 내가 아닌 타자와 우리와의 관계를 재고하는 데 걸림돌이 된다. 1) 인종과 민족의 혼합이 점점 우리 일상의 풍경을 이룬다. 2) 문화적 관점에서 성

의 중요성이 인식된다. 사람들은 여기에다 여러 세대들의 뚜
렷한 공존으로 인해 혈통이 과거의 기능을 유지할 수 없게
되었음을 덧붙일 수 있을 것이다.

　사실 우리는 일반화된 혼합의 시대로 들어선다. 그리고 자
신의 자아와 특성·유사성·동일함·동등함, 그리고 이들의
번식에 뿌리를 두는 정신적 혹은 공동체적 관습들은 우리가
빚어내는 차이의 문제들을 자칫 조화롭게 해결하지 못할 수
도 있다.

　흑인과 백인의 평등화, 여성과 남성의 평등화는 남성이 주
도하는 관대함하에서 이들을 여전히 서구의 남성이 점유한
모델들에 종속시킨다. 이 서구의 남성은 자기와 다른 자와의
공존을 거부한다. 그는 윤곽조차 그려낼 수 없는 이 시대 사
고의 혁명을 통해 차이를 인정하기보다는 살갗이 약간 검게
되고, 약간 여성화되는 편을 받아들인다. 그렇다. 일체의 통
합 전략들——많건 적건 위계 질서의 전복, 문화와 언어, 자
아의 혼합과 병합들——은 주체가 한계를 갖기 때문에 존재
한다는 사실을, 그리고 주체는 우주 앞에서 특히 타자 앞에
서 통제하거나 지배할 때가 아니라 자신이 전부가 아님을,
자신은 현실과 진실의 일부분으로만 나타남을, 타자는 결코
나도, 나 자신도, 나의 것이 아니고 단일한 것이 아님을 인
정할 때에 구축된다는 사실을 깨닫는 태도로 이루어지지 않
는다. 즉 아직 내가, 내 것이 아닌 것을 나 혹은 우리와 통합
시킬 수는 없다.

성적 차이, 이타성의 기초

　오늘날 우리에게 부여된 사고와 윤리·정치의 이러한 혁명에 있어서 성적 차이는 가장 흥미로운 문제로 나타난다.
　우선 성적 차이는 전세계적이기 때문에 우리는 세계 공동체의 한 모델을 규정하게 된다.
　그 다음, 특히 관습법에서 표출되는 전통과 문화의 차이의 원천은 종종 이 차이——성의 관계나 혈통적 관계의——를 다루는 방식이다. 그러므로 민주적 합법성을 깨닫게 하는 것이 여러 문화의 공존에 도움이 될 것이다.
　게다가 이 차이는 우리에게 문명의 구축이 아닌 새로움을 강요하면서 가장 자연적인 것을 가장 문화적인 것과 결합시킬 수 있다.
　사실 여러 서구 문화에서, 남성이 문화의 영역에 있는 것에 비해 여성은 여전히 다듬어지지 않은 자연 상태에 있다. 각 성이 본래 그리고 스스로가 자기 본성의 특징을 인정하고 자기 본성으로부터 문화를 완성한다면, 새로운 유형의 문명이 자리잡게 될 것이다. 그리고 이러한 문명에서는 오늘날 여전히 전적으로 그러한 것처럼 오로지 당연한 것으로 여겨지는 것이 아니라, 양성의 이중성이 그들의 차이 덕택에 문화적으로 풍요로워지게 된다.

　사회·문화를 성적 차이 위에서 재구축하는 것, 그것은 독특함과 소유권, 우리의 정신적·사회적 관습을 지배하는 소유화라는 개념에 철저하게 의문을 제기하는 것이다. 이것은 결코 한 주체를 다른 주체에게 귀속시키지 않은 채 관계 속에서 두 주체를 존중하기 위해 타자와의 관계에서 가장 은밀한 지점에서, 가장 열정적이고 가장 육체적인 지점에서 일체의 소유물과 소유화를 포기할 줄 아는 것이다.

그렇다고 해서 남성과 여성이 실제로 상이한 두 주체라는 사실을 인정한다는 것이 이들을 생물학적 운명으로, 단순한 자연적 속성으로 규정하는 것은 아니다. 남성과 여성은 **문화적으로** 다르다. 또 그것은 당연한 일이다. 즉 이 사실은 주관성의 상이한 구조 때문이다. 남성의 주관과 여성의 주관은 각자에게 속한 특수한 상대적 자아에서 출발하여 조직된다. 이 **상대적 자아**는 자연과 문화 사이에 위치하고, 이 둘 모두를 존중하면서 한 곳에서 다른 곳으로 넘어갈 수 있는 통로가 있음을 보장한다.

이 특별한, 혹은 고유한(이 말은 이제 다른 의미로 사용된다. 소유의 의미가 아니라 주관적 혹은 객관적 결정의 의미인 것이다) 상대적 자아는 도치할 수 없는 상이한 여건들 위에 자리잡는다. 여성은 여성에게서, 자기와 같은 성의 누군가에게서 태어나고 남성은 자기 자신과는 다른 성의 누군가에게서 태어난다. 또 여성은 자신의 어머니처럼 자기 몸 안에 아이를 잉태할 수 있고, 남성은 자신의 몸 밖에 아이를 잉태할 수 있다. 여성은 자신의 육체를 통해 타자에게 영양을 공급하지만, 남성은 자신의 노동으로 타자에게 영양을 공급한다.

여성은 자기 안에 남자아이와 여자아이를 잉태할 수 있지만, 사실 남성은 남자아이가 잉태되기 바로 직전에 끼어들 뿐이다.

그렇기 때문에 상대방과 관계를 맺는 첫번째 상황은 여자아이냐 남자아이냐에 따라 매우 달라진다. 이들은 아주 다양한 방식으로 상대방과의 관계를 형성한다. 여자아이는 같은 성을 지닌 주체들과 금방 친해진다. 같은 성이라는 사실이 여자아이가 다른 여자아이와 친해지는 데 도움을 준다. 하지만 남자아이와의 관계에서는 훨씬 어렵다. 여자아이·여성은 자기 안에 타자, 남성이 개입하면 쉽게 무너진다. 즉 사랑이나 모성애에서 그렇다.

여성에게 있어서 주관성의 구축은 그녀가 자신과 같은 사람, 어머니하고만 맺었던 관계로부터 벗어난다는 것을 의미하고, 그녀가 자신의 상태를 유지하면서 다른 사람과의 관계를 발견한다는 것을 의미한다. 평등주의자 혹은 분리론자의 전략들은 이러한 문제를 해결할 수 없다. 여성이 주체가 되도록 도움을 줄 수 있는 것, 그것은 여성을 수직적이 아니라 수평적으로 초월하는 타자, 즉 남성에 대한 깨달음이다. 여성을 육체적으로 문화적으로 여성 자신이 되도록 할 수 있는 것은 아버지의 법에 굴복하는 것이 아니라, 사랑과 문명 안에서 다른 존재인 타자에 대한 의식적이고 자발적인 인식이다. 여성의 이러한 문화적 변화는 머지않아 남성이 과거의 역사에서 빈번하게 그래 왔던 것처럼 세상의 주인이며, 아버지로서만이 아니라 진정한 인간이 되도록 도울 것이다.

여성은 남성을 육체적으로만이 아니라 정신적으로도 키워야 할 것 같다. 몇몇 종교적 전통들은 때때로 이러한 현실을 명백하게 주장해 왔다.

여성을 남성 세계로 동화 혹은 통합시키는 것은, 그러므로 서로 관계를 맺고 있는 사적 혹은 공적인 삶에 있어서 매우 위험한 것으로 드러난다. 이것은 여성이 전통적 의미에서 애정의 파수꾼으로 남아 있어야 한다는 것이 아니라 여성이 서로 관계를 맺는 삶에서 주도적 존재가 되어야 함을, 그리고 사적·공적 생활에서 이 공동의 삶을 수호하는 자가 되어야 함을 뜻한다.

혼합성, 공동체 재건의 원리

　가정이 자리잡은 것이 소유권들이, 가문들이, 관습법들이 결합할 수 있는 계기가 되었던 것은 그리 오래 된 일이 아니다. 여자아이와 남자아이는 가부장제와 그 직함들·풍습들을 영원히 유지한다는 조건하에서 아버지의 집을 떠나도록 허락받는다. 그렇다. 자기 집을 떠난 것이다. 그러나 이들은 자신과 아버지의 집 그 중간에 머물게 된다.

　결혼에는 타락할 수 있는 기회와 완벽한 변화의 풍습들이 있었을 것이다. 어떠한 생소함도 동일한 사람들 사이에 형성되고, 조상으로부터 물려받은 친밀성을 대신할 수 없었을 것이다. 미래 남편들의 근본적인 임무는 자기 자식들에게 이 유산을 물려 주는 것이 되곤 하였다. 가정의 목적은 사실 동산, 부동산, 문화적인 자산, 인적 자원으로서의 재화를 지키고 늘리는 것이었다. 가정이 사회의 근본적인 영속을 약속하면서, 이에 대해 자신의 역할을 완수했던 것도 이러한 식이었다. 그리고 사회는 그 대가로 좀더 부차적인 역사적 변화를 허락했다.

가정은 더 이상 과거의 그것이 아니다!

가정이 손댈 수 없는 위치를 고수해야 한다는 사실에 대한 유럽인들의 만장일치는 계속 그 방향으로 나아간다. 가정이라는 단위 내부로 향하는 사람들이 여성들과 아이들의 권리[5] 같은 것들을 탐색하는 것을 막기 위해 환기된, 사생활의 불가침권을 못마땅해하는 법적 조치도 마찬가지이다.

이미 일어나고 있는 것에 대해 맹목적이 되고 싶은 것이 아닐까? 가족이라는 단위는 얼마 전부터 주어진 여건들을 변화시켜 왔던 변형을 받아들이고 있다. 가정을 존속시키면서 가정의 의미를 변형시킨 것은 여러 변화들 때문이다. 법적 제도화로 모습을 드러낸 자연 전체의 구성은 부분적으로 점점 이데올로기처럼 작용한다. 여기에는 다양한 동기들이 있다. 관습법에만 충실한 것은 이 시대에는 사회의 몇몇 영역들에서만 가능하다. 더군다나…… 부와 소유권은 어떠한가? 이것들은 기업가들과 은행가들·정부 같은 다른 엉터리 사업가들의 전유물이 되기 위해 가족 독점을 다소 포기한 것 같다. 조상들의 권위? 이것은 애정과 욕망의 권리에 의해 혼란에 빠지지 않았는가? 이상과 '우상 추락'의 변화에 관해서

---

5) 이에 관해 뤼스 이리가라이의 〈가정이 둘로 나누어지기 시작하다〉
  (잡지 《파노라믹: 그럼에도 불구하고 가족이다》, n° 25, 1996에 실림);
  《남성과 여성 그리고 혈연》, 미뉘출판사, 1987년, 《나, 너, 우리》, 그라
  세, 1990; 《그리고 나는 너를 좋아한다》, 그라세, 1992 등을 참조하라.

는 굳이 말하지 않겠다.

간단히 말해, 전통 사회의 굳건한 기반인 가정은 기존의 규범들과 가치들을 수정하게 되는 변화를 치른 후에만 존속한다. 여러 다양한 전통의, 다양한 민족의 아이들로 둘러싸인 여성과 남성이 이루는 부부는 한편으로는 자연스럽고, 또 한편으로는 의식적으로 이식된 것으로 경제적·공간적 안정감은 없지만 다소 유목민의 방식으로, 그리고 다문화적 방식으로 살아가면서 그 표본을 형상화할 수 있을 것이다.

제도는 현실보다 늦게 변한다! 그리고 이 간격은 오늘날 더욱 그러하다. 변화가 신속해졌다는 것은 사실이다. 그리고 시민들과 행정가들이 이러한 사실로 인해 약간 당황해하고 있다는 것도 이해된다. 관습을 유지하는 신성한 장소가 구축중인 국제적 소작업장과 닮은 것은 아닐까? 우리의 관습과 인식에 생소한 차이점들로 인해 동일함의 영속을 보장해야 하는 것이 오늘날 역전된 것은 아닐까? 전통의 혼란이 영원성을 확신했던 자의 가슴을 덮친 것은 아닐까?

가장 낡은 관습들이 명백한 현실을 덮개로 감추거나 없애려는 것처럼 보일 정도로 이 변화는 갑작스럽고 예측하지 못한 것이다. 그리고 이 근본적인 사회-문화적 개혁을 어떻게 다루어야 하는가를 자문하는 대신, 사람들은 풍요로움을 촉진시키기보다 그 잠재성을 고갈시키는 다양한 형태의 통합에 몰두한다.

곰곰이 들여다보면, 한 마디로 말해서 우리는 인류의 역사적 추이가 완성되는 실험실 앞에 있는 것이 아닐까? 긴 세월 동안 학교에서 힘들게 배우게 될 문화적 요소들을 아이들은 일상의 조각처럼 집에서, 혹은 친구들을 통해 접한다. 아주 어린 나이부터 다양성이 인정되고 존중된다면 아이는 두번째 언어를 습득할 것이고, 전통보다 더 많은 것들에 익숙해질 것이며, 외국인에 대한 관용을 습득하게 될 것이다.

공적 권위들이 통합의 어려운 과제에 몰두하는 반면, 새로운 가정은 젊은 세대들로 하여금 다민족·다문화의 공존 같은 것들을 주도하도록 만들 것이다. 통합시키고자 하는 것은 사실 다양성을 이미 여러 사실들에서 무기력한 것으로 드러난 단일한 유형으로 축소시키려는 주장을 의미하는 것이 아닌가? 만일 가정이 사회의 구조화에 저항하는 핵심이라면, 가정은 이미 위로부터 강요된 단일화에 대해 '아니오'라고 대답하지 않았는가? 가정은 이미 존속의 발판으로 차이를 선택한 것이 아닐까?

통합하느냐 공존하느냐?

신기하게도 우리가 살고 있는 시대에 위로부터 그리고 아래로부터 부여되는 것은, 의문의 대상이 되기를 거부하는 행정적·법률적·정치적 관습들과 여전히 모순을 이룬다. 그 필요성을 깨닫는 이가 거의 없는 사고 방식의 개혁에 이 사실이 걸림돌이 된다는 것은 사실이다. 그렇다면 아이들과 몹시 열성적인 사람들을 제외하고는 개혁을 가능케 할 사람들은 거의 없는 것일까?

그러나 현실 세계의 이 뚜렷한 모순들은 이 세계를 지배하는 원칙의 변화를 구속한다. 우리의 사회-문화적 조직체에 있는 확장적 엔트로피는 또 다른 질서로의 전이를 요구한다. 예를 들면 유럽 연합의 구축에 대한 필요성 때문에 국가적 주권의 포기를 권할 수도 없고, 게다가 이민자들을 어느 한 나라에 통합시켜야 한다는 주장도 불가능하다. 언젠가 우리는 이러한 모순에 직면하게 될 것이다. 이것은 시민 공동체의 완성은커녕 이 공동체 유지에도 아무런 도움이 되지 못한다.

그렇다면 자신과 동일시하는 논리, 동일성의 논리, 유사함의 논리, 평등성의 논리에 기초하는 서구 전통을 침범해 온 이 혼합의 문제를 어떻게 치유해야 하는가?

새로운 여건들의 해결에 도움이 안 되는 규범들에게 호소하기보다는, 이 상황의 원천들에 의문을 던지고 가능성 있는 현실적 구조물을 그들에게 깨닫게 하는 것이 바람직하다.

그리하여 백인 여자와 흑인 남자로 이루어지는 커플은, 인종의 혼합성이라는 사실로 인해 내재된 혹은 획득된 본능의 초월이 일어나는 문화 교육의 장소가 될 수 있다. 그러나 또한 인간의 본능적 차원에서 이 커플은 자신들을 거부하고, 있는 그대로의 자신들을 인정하지 않는 주변 사회와 단절을 이루면서 위축될 수도 있다. 그러나 그렇다고 해서 이 두 사람을 동일하게 만들어야 함을 의미할 수는 없다. 만일 차이가 욕망을 부추긴다면, 왜 이 차이를 존중하지 않는가?

사실 이끌림이란 사내아이와 여자아이, 남성과 여성을 상대방에게 밀어붙이는 것을 시작으로 차이에, 욕망을 느끼는 주체의 '알 수 없는 것'에 근거한다. 시민들 사이의 축제 기분이 자신과 다른 사람에 대한 호감으로부터 유지된다면, 이 기분이 가장 좋은 것이 아닐까? 한 사회 전체의 구성과 관련된 이 요인을 왜 배제하는가?

분명 사회에는 최소한의 공통적 규칙이 필요하다. 그러나 이 규칙들을 발견할 수 없는 것은 아니다.

시민 공동체는 친숙함이란 실체를 기반으로 삼고, 이 실체는 남성과 여성의 결합을 그 기본으로 삼는다. 여성과 남성의 이중성은 모든 민족들, 모든 문화들, 모든 전통들에게 다 해당된다. 그러므로 이러한 차이에서 출발하여 한 사회를 구성하는 일이 가능하다. 이 차이는 세계적으로 공유된다는 것과 자연이라는 가장 기초적인 것을 문화라는 가장 정신적인 것과 결합할 수 있다는 것, 즉 이중의 이점을 드러낸다.

그리하여 나는 성의 차이에 관한 나쁜 관습, 남성이 문화적 영역을 맡는 한 집단에서 여성을 자연적 영역의 파수꾼으로 두는 관습을 반영하고 있는 것이 아니다. 나는 두 성간의 관계에 대해서 생각한다. 이 관계 속에서 여성과 남성은 각자 서로 다른 주관성을 지니는데, 이 주관성은 특히 상관관계에 있는 자아와 고유한 언어와의 관계를 기반으로 삼는다.[6]

만일 남성과 여성 사이의 욕망이 그들 사이의 차이(들)를 전적으로 존중하면서 문화적 위상에 합쳐지게 된다면, 남성과 여성간의 관계는 직접적인 의미의 가정의 재구축에 관련된, 보다 일반적으로로는 말하자면 한계를 전적으로 인정하는 혼합 사회의 재구축과 관련된 패러다임을 제공할 수 있게 된다. 둘을 하나로, 동일한 것으로, 유사한 것으로 축소하지 않고……, 성적으로 다른 타자를 인정하기에 이르는 것은 서로 다른 차이들에 대한 존중에 다가가는 보편적 방식으로 나타난다.

새로운 개념의 합법화

그러나 위대한 감정들에 호소하는 것이, 동일한 부류에 대한 고려에서 타자에 대한 고려로 나아가기에 충분한 것은 아니다. 단순한 선의에서 벗어나는 무언가가 사고 방식에 변화를 가져와야 한다. 더구나 실현해야 할 변형들은 많고 복잡하다. 이 변형들이 완성될 수 있는 속도에 따라 한 개인은 다른 개인과 달라지고, 한 사회-문화 영역은 다른 영역과 달라진다.

그러므로 이러한 변화들이 시민 공동체의 해체 없이 실현될 수 있도록 도움을 주는 객관적인 틀을 규정해야만 한다. 이 역사적 발전은 이러저러한 인권을 보장하는 보충적 합법

---

6) 이에 대해 뤼스 이라가라이의 《나는 너를 좋아한다》, *op. cit.*와 에페시아의 〈남성과 여성, 서로 관련 있지만 다른 자아〉, 《여성들의 자리》, 라 데쿠베르트, 1995를 참조하라.

화에서 출발하여 평화적이고 결과가 이로운 방식으로 이루어질 수 있는 것처럼 보인다.

현재의 시민법은 무엇보다 시민의 소유권에 관련된 보장을 다룬다. 육체 자체는 국가가 그 보호를 약속해야 하는 '재화' 항목 속에 포함된다. 소유권의 관계에 대한 장황한 법은 현재까지도 시민의 자아와 존엄성을 보호에 대한, 이러한 것들의 상징적 세계로의 접근에 대한, 그리고 이들의 관계에 대한 법의 역할을 아주 모호하게 드러낼 뿐이다. 시민권의 이 모든 양상들은 '소유'가 지배적이라는 것을 직접적으로 드러내지 않지만, '존재'와는 상당한 관련을 맺는 것으로 우리의 서방 관료들에게는 이른바 아직도 생소하다. 인권 헌장의 몇 개 조항들이 입증하는 것처럼, 때때로 타인들 속에 개입해야 하는 것으로 인식되는 이 관료들은 우리가 연루된 사건에 대해 무지한 상태에 있는 것 같다. 그리고는 우리 자신과 타인을 뒤섞을 태세이다. 특히 우리의 법전을 의심하지 않기 위해 우리의 국경 안에서 말이다. 이는 혼합성이 우리에게 우리의 문화적 관습 너머를 고려하라고 요구하는 인류의 완강한 핵에 접근하지 않기 위해서이다.

이 시대의 일반화된 혼합성은 우리에게 가능성 있는 두 가지 전략들을 제시한다. 그것은 타인을 자신과 동일한 사람으로 축소하는 쪽으로 더 나아가는 것이고, 아니면 차이점을 생물체의 근본적 특징으로 인정하는 것이다. 첫번째 방법은 우리를 공상과 흡사한 중성화된 축소로 이끈다. 슬프게도 이 방법은 특히 법률적인 우리의 관습과 일치한다! 두번째 방법은 우리에게 육체적인 것을 포함한 일관성을 부여하는데, 이 일관성은 새로운 문화의 완성을 요구한다. 우리에게는 여전히 성(性)과 성(性) 사이, 민족과 민족 사이, 전통과 전통 사이 등의 문화가 결핍되어 있다. 세계화는 단 한번도 우리에게 구체적으로 드러난 적이 없었다. 이러한 역사적 현실을 맡기 위한 주관적이고 객관적인 방법들이 계속해서 다듬어져야 한다.

지금까지 서로가 서로에게서 멀리 떨어져 서로를 지나치게 모른 채 살아왔던 남성들과 여성들의 규합은 다양한 인간의 정체성과 다채로운 주관적 면모들, 상호 관련된 열망과 난점들, 개인적으로 발전하고 평화롭게 공존하기 위한 객관적 틀의 필요성이 더 잘 실현할 수 있도록 이끈다.

이 세계적인 공존 속에서 우리는 매우 분명한 사실을 발견한다. 즉 우리의 전통 문화라는 개념을 재고해야 한다는 것이다. 서구 세계는 자연의 지배를 기초로 삼아 합리성을 구축해 왔다. 인류에게 속해 있음은 필요악처럼 여겨진다. 가능한 빨리 언어적 법칙들, 철학적 개념들, 과학적 기준들, 법적 규범들, 종교적 강령들 등과 같은 추상적 범주로의 변화가 중요하기 때문이다. 인간의 주관성이 사회적으로 개발되어야 하는 쪽은 여전히 본성과 이어져 있는 감성으로부터 멀어지는 쪽이다. 시인들, 신비주의자들, 여자들, 아이들, '야생의 존재들'은 어떠한 생명체에게는 매우 낯선 세계가 보호하는 가운데 육체와 감정 그 경계선에 남게 될 것이다. 이러한 견지에서 자연을 환기하는 모든 것은 분명 개별성을 축소하는 중성적 방법을 통해 틀이 규정되고, 습득되어지고 왜곡된 것이다.

본성을 몰아내라, 그러나 그것은 전속력으로 되돌아온다

현실과 이 세계에서 일어날 수 있는 현실의 완성에 대한 이러한 개념은 우리들 사이의 세계화를 막지 않는다. 사방에서 우리의 관습과 틀로 환원될 수 없는, 그리고 우리로 하여금 이 세계화를 민주적으로 맞이하는 것을 경시하게 하는 본성의 모습이 다시 나타난다.

나이와 성의 차이들, 민족의 차이들을 고려하지 않고, 한 문화에서 다른 문화에 이르기까지 다양하고 상징적인 구축물들을 언급하지 않으면서 어떻게 이 세계화를 행할 수 있는가? 이 작업 자체는 권위주의·전체주의를 피하기 위해 손색이 없다! 이 작업에 정신의 변화가 포함되어 있기 때문이다. 우리가 자연을 통제하게 되었을 때, 이 자연을 존중하는 법을 배워야 했을 것이다. 우리에게 이상이 마치 절대적이고 유일한 존재 안에 전체가 흡수되는 것처럼 드러났을 때, 극복할 수 없는 한계가 갖는 이점을 깨달아야 했을 것이다. 동일한 존재에 대한 인정이 수직적으로는 아들로부터 하느님 아버지에게까지 확장되고, 수평적으로는 인간의 보편적 공동체에까지 확장되었을 때, 동일한 존재에 대한 사랑과 타자에 대한 사랑을 결합하고, 자신에 대한 충실함과 타자와의 미래를 결합하며, 다른 존재와의 만남을 위해 동일성과 유사성의 고수를 결합할 줄 아는 일은 점점 더 중요해질 것이다.

이것은 새로운 프로그램이지만 우리에게는 이 프로그램을 위한 훈련이 미비하다. 문화적 풍요는 같은 편이든 적대관계든 자기의 파트너와 관련된 유일한 주체의 완성과는 더 이상 관련이 없을 것이다. 문화적 풍요는 혼합성에 귀를 기울여 그 결과들을 얻을 것이며, 여기에서의 차이는 단지 남성과 여성 사이의 자연적 풍요의 원천일 뿐만 아니라 영적이고 상징적인 산물의 원천으로 드러날 것이다. 그리고 이 산물이 지니는 미완의 특징은 우리가 일상적으로 부딪치게 되는 상황에 따라 달라질 것이다.

가장 흥미로운 것은 아마도 다양한 유형의 혼합이 교차하게 되는 가정일 것이다. 자연적 정체성으로 귀속되기를 거부하는 양상이 여기에서 두 성을 결합시키는 수평적 축에서, 그리고 세대와 세대를 분절시키는 수직적 축에서 나타난다. 이 두 축들은 마치 보편적이고 유일한 것들로, 그리하여 그들의 체계 속에서 민족이라는 차원을 재생할 수 있는 것처럼 드러난다.

역설적으로 근본적인 이 좌표들은 상징적 부산물인 여러 장애물에 부딪친다. 사실 관습법은 상당 부분 성별간의 관계와 세대간의 관계들 속에 있는 관습에 관련된 규범들로 요약된다. 이 규범들 사이의 변화는 한 전통을 다른 전통에 일관성 없이 구속시키는 관계로 설명될 수 있다. 그러므로 혼합 속에서 민주적 공존을 위해 구속에 바탕을 두지 않는 새로운 질서를 발견하는 일이 무엇보다도 문화적 혼합성의 여러 문제들에 대한 해결책을 제시한다.

만일 여성과 남성이 동등한 존엄성과 가치를 지닌 개인들로 인정된다면, 관습법과 법적 규범에서의 몇 가지 다양성들이 공동의 플랫폼으로 나타날 수 있다. 그리하여 혼인법들간의 차이는 아주 빈번하게 남성에 의한 여성 억압의 다양한 정도로 나타난다. 여기에는 결혼의 합법적 나이와 부부 각자에 대한 소유권 인정, 부모로서 각자의 위상도 해당되지만 또한 동시에 일부다처제 혹은 일처다부제와 결혼을 포기할 수 있는 권리, 여성에게 강요되는 남편을 따르라는 것에서부터 가장 혹독한 육체적 훼손에 이르는 성적 규범들도 관계된다.

남성과 여성 각자를 위한 문화적·법적 자아에 대한 권리는, 실제적인 다양성보다는 노예화 혹은 해방의 정도를 입증하는 다양성들을 해결할 수 있다. 남성의 자아와 여성의 자아라는 도치할 수 없는 요소들을 법적 형식이라는 양상들로 수정하는 것이, 일반적인 혼합성에 접근하기 위해 가장 선행되어야 할 단계처럼 제시된다. 이 일이 불가능한 것은 아니다. 이 요구들이 객관적으로 표현하고 적용하는 몇 가지 권리들에 이르고 있다는 것을 이해하기 위해서는 여기저기에서 표현되는 요구의 내용에 귀를 기울이는 것으로 충분하다. 여성의 입장에서, 이러한 작용은 특히 필요하다. 왜냐하면 여성들은 자신들을 특히 가정이라는 상황 속에서 법적 자아 없이 방치하는 가부장의 해묵은 보호하에 있기 때문이다.

혼합적 가정의 주된 역할

그러나 인간 개인은 경제적 실체로 축소되지 않고, 이 단계에서 남성과 여성간의 보다 광범위한 평등을 위한 우리 사회의 노력은 여성들에게 필요한 합법적 산물들, 이를테면 직접적으로는 성이라는 영역을 포함한 인간 존엄의 권리, 모성에 대한 자유롭고 책임 있는 선택권, 언어와 종교, 가치 있는 문화에 대한 권리 등등을 완전하게 제공하지 않는다. 게다가 이러한 노력들은 불충분하고, 때로는 실제보다 잠재적이다.

특별히 여성이라는 '존재'의 시민법적 보호에 관련된 이 권리들은 여전히 부실하다. 가정이라는 단위는 마치 완전한 전체로 인식되고, 이 안에서 남성·여성, 그리고 아이들은 오로지 자연적 혼합성에 근거한 단위를 구성하기 위해 그들의 법적 개별성을 포기한다. 바로 이러한 가정이라는 단위가 대부분 이 부실함의 원인이다. 그러나 이 단위는 오늘날 변화의 이유이기도 하다. 게다가 부부와 가족·사회에서 차별 없는 자연적 지대를, 문화적 혼합성을 점점 더 확신하는 수많은 여성들에 대한 거부는 때때로 가정 내의 각 구성원에게 법적인 자기 보호가 다급하다는 것을 분명히 한다. 왜냐하면 이 가정에서 자연적 정체성은 때로는 복잡하기도 하고, 문화적 소속감을 통해 다양하게 교체되기 때문이다.

　이 혼합성이 퇴보의 요인이 아니라 발전의 요소가 되도록 하기 위해서, 혼합성으로 하여금 소유·복종이라는 일체의 본능, 즉 인간 내면에 남아 있는 동물성을 경계시켜야 한다. 이 시대의 일반화된 다양성은 자연과 문화 사이의 관계 형성을 추진해야만 한다. 그러나 단순한 성적 차이는 이러한 관계를 필요로 하는 것 같지 않다. 이 결혼이 여전히 개인들을 인간의 특성이라는 체계적이고 중성적인 상호 작용에 강압적으로 굴복시키지 않는 한 백인 여성과 흑인 남성의 결혼, 가톨릭 신자인 여성과 회교도 남성의 결혼은 우리 문화가 성장하기 위한 특별한 요인이 될 것이고, 우리의 관습에 결여된 본능을 재발시키며, 상대방에 대한 각자의 힘이 우리 문화권에서보다 훨씬 상호적으로 부여되는 특수한 관습을 유도하게 되지는 않을까?
　이러한 관점에서 혼합 가정들은 우리의 미래 사회 구축을 위한 해결책으로 나타난다. 이 가정들은 경제적 치명성이 인간 의식의 경향과 우리를 불편함 속에, 문화적 무능력 속에 방치시켰음을 입증할 것이며, 그렇지 않으면 다소 잔잔한 세계 혁명에 참여할 것이다. 혼합성의 교차에 대한 요구는 우리의 정신적 습관들, 우리의 관습법들, 우리의 합법적 기준들을 혼란에 빠뜨린다. 이 요구들은 우리의 욕망과 사고의 변화를, 그리고 만남의 양상들과 우리가 겨우 개념화하게 되는 시민 응집력의 양상을 구속한다.

그렇다면 어떻게 이를 실현해야 하는가? 타인을 자신에게 굴복시키기를 거부하면서, 현재 혹은 미래를 과거에 종속시키기를 거부해야 한다. 문화의 변화가 재화의 축적, 생산물의 축적, 요지부동의 수평선 내부에 있는 지식의 축적 안에서만 이루어지지 않음을 인정하면서 가능하다. 어떤 시대들은 이 수평선 자체의 변화를 요구한다. 우리가 살고 있는 이 시대 역시 마찬가지이다. 우리는 평등함, 유사성에 기초한 우리의 자아 모델들을 포기하여 동등한 권리를 필요로 하지만 같음, 동일함, 단일함으로 축소될 수 없는 차이들을 입증해야 한다. 과거의 이상들에게 있었던 진보적인 관대함으로 생각지 않기 위해서는 학교 프로그램처럼 정책 프로그램도 새로운 조직과 새로운 관점, 새로운 약속과 새로운 논리를 필요로 한다.

금세기가 저물어 가는 이 시기가 또 다른 세기로의 진입을 나타내지 않는다면, 이 시기는 우리에게 인류의 비극적인 운명을 보여 줄지도 모른다……

참고 문헌

■ 동양의 고혼들

《요가의 우파니샤드들 Les Upanishads du yoga》, J. 바렌 번역, 갈리마르출판사, 〈이데〉 시리즈.

머시아 엘리아데, 《파탄잘리와 요가 Patanjali et le yoga》, 쇠이유출판사, 〈영혼의 스승들〉 시리즈.

〈파탄잘리의 요가-수트라들 Les Yoga-Sutras de Patanjali》, 스와미 사다난다 사라스바티의 해석, 르 꾸리에 뒤 리브르출판사.

머시아 엘리아데, 《요가의 테크닉 Techniques du yaga》, 갈리마르출판사, 〈이데〉 시리즈.

메리 루티엔스, 《크리슈나무르티, 깨달음의 시간들 Krishnamurti, les années de l'éveil》, 로제 우다르 번역, 아리스타출판사, 〈먼지〉 시리즈, Cosne-sur-Loire 출판사.

릴리안 실번, 《순간과 원인 Instant et cause》, 브렝출판사, 드 보카르 출판사에서 재출판——《쿤달리니 La Kundalini》, 두 대양들 출판사.

E. D. 제임스, 《여신 숭배 Le culte de la déesse》, 르 메일출판사.

쇼지암 퉁기야, 《탄트라의 새벽 L'aube du tantra》, 알벵 미셀출판사.

아난드 나야크, 《탄트라 Le tantra》, 세르프출판사, 〈짧은〉 시리즈.

T. K. V. 데지카샤르, 《요가, 이론과 수행에 대한 대화들 Yga, Entretiens sur la théorie et la pratique》, 프랑수아 로렝 번역, 프레스토-프린트출판사, 벨기에.

뤼스 이리가라이, 〈생명의 시간〉, 《쇼펜하우어의 모습들 Présences de Schopenhauer》 중에서, R. P. 드로아출판사와 그라세출판사의 공동 작품집, 본문에 인용되었다.

■ 가정이 둘로 나누어지기 시작하다

뤼스 이리가라이, 《성적 차이의 윤리 Ethique de la différence sexuelle》, 미뉘출판사, 1984.

——《나는 너의 것이고 싶다 J'aime à toi》, 그라세출판사, 1992.

──〈서로를 초월하는 존재들 *Transcendants l'un à l'autre*〉,《남성과 여성, 포착할 수 없는 차이 *Homme et femme, l'insaisissable différence*》에서, 사비에르 라크로아가 주관한 작품집, 세르프출판사, 1993.
──《둘이 되기 *Etre deux*》, 그라세출판사, 1997.

이은민

서강대학교 불어불문과 졸업
동대학 대학원 석사
역서 : 《벌레처럼》《이미지의 폭력》
《청소년을 위한 이야기 경제학》

현대신서
36

동양과 서양 사이

초판발행 : 2000년 2월 22일

지은이 : 뤼스 이리가라이
옮긴이 : 이은민
펴낸이 : 辛成大
펴낸곳 : 東文選

제10-64호, 78. 12. 16 등록
종로구 관훈동 74번지
전화 : 737-2795
팩스 : 723-4518

편집설계 : 韓仁淑

ISBN 89-8038-126-3 94160
ISBN 89-8038-050-X (세트)

【東文選 現代新書】

29 朝鮮解語花史	李能和 / 李在崑	절판
30 조선창극사	鄭魯湜	7,000원
31 동양회화미학	崔炳植	9,000원
32 性과 결혼의 민족학	和田正平 / 沈雨晟	9,000원
33 農漁俗談辭典	宋在璇	12,000원
34 朝鮮의 鬼神	村山智順 / 金禧慶	12,000원
35 道敎와 中國文化	葛兆光 / 沈揆昊	15,000원
36 禪宗과 中國文化	葛兆光 / 鄭相泓·任炳權	8,000원
37 오페라의 역사	L. 오레이 / 류연희	절판
38 인도종교미술	A. 무케르지 / 崔炳植	14,000원
39 힌두교의 그림언어	안넬리제 外 / 全在星	9,000원
40 중국고대사회	許進雄 / 洪 熹	22,000원
41 중국문화개론	李宗桂 / 李宰碩	15,000원
42 龍鳳文化源流	王大有 / 林東錫	17,000원
43 甲骨學通論	王宇信 / 李宰錫	근간
44 朝鮮巫俗考	李能和 / 李在崑	12,000원
45 미술과 페미니즘	N. 부루드 外 / 扈承喜	9,000원
46 아프리카미술	P. 윌레뜨 / 崔炳植	절판
47 美의 歷程	李澤厚 / 尹壽榮	22,000원
48 曼茶羅의 神들	立川武藏 / 金龜山	10,000원
49 朝鮮歲時記	洪錫謨 外/李錫浩	30,000원
50 하 상	蘇曉康 外 / 洪 熹	8,000원
51 武藝圖譜通志 實技解題	正 祖 / 沈雨晟·金光錫	15,000원
52 古文字學첫걸음	李學勤 / 河永三	9,000원
53 體育美學	胡小明 / 閔永淑	10,000원
54 아시아 美術의 再發見	崔炳植	9,000원
55 曆과 占의 科學	永田久 / 沈雨晟	8,000원
56 中國小學史	胡奇光 / 李宰碩	20,000원
57 中國甲骨學史	吳浩坤 外 / 梁東淑	근간
58 꿈의 철학	劉文英 / 河永三	15,000원
59 女神들의 인도	立川武藏 / 金龜山	13,000원
60 性의 역사	J. L. 플랑드렝 / 편집부	18,000원
61 쉬르섹슈얼리티	W. 챠드윅 / 편집부	10,000원
62 여성속담사전	宋在璇	18,000원
63 박재서희곡선	朴栽緖	10,000원
64 東北民族源流	孫進已 / 林東錫	13,000원
65 朝鮮巫俗의 硏究(상·하)	赤松智城·秋葉隆 / 沈雨晟	28,000원
66 中國文學 속의 孤獨感	斯波六郎 / 尹壽榮	8,000원

67 한국사회주의 연극운동사	李康列	8,000원
68 스포츠인류학	K. 블랑챠드 外 / 박기동 外	12,000원
69 리조복식도감	리팔찬	절판
70 娼 婦	A. 꼬르벵 / 李宗旼	20,000원
71 조선민요연구	高晶玉	30,000원
72 楚文化史	張正明	근간
73 시간 욕망 공포	A. 꼬르벵	근간
74 本國劍	金光錫	40,000원
75 노트와 반노트	E. 이오네스코 / 박형섭	절판
76 朝鮮美術史研究	尹喜淳	7,000원
77 拳法要訣	金光錫	10,000원
78 艸衣選集	艸衣意恂 / 林鍾旭	14,000원
79 漢語音韻學講義	董少文 / 林東錫	10,000원
80 이오네스코 연극미학	C. 위베르 / 박형섭	9,000원
81 중국문자훈고학사전	全廣鎭 편역	15,000원
82 상말속담사전	宋在璇	10,000원
83 書法論叢	沈尹默 / 郭魯鳳	8,000원
84 침실의 문화사	P. 디비 / 편집부	9,000원
85 禮의 精神	柳 肅 / 洪 熹	10,000원
86 조선공예개관	日本民芸協會 편 / 沈雨晟	30,000원
87 性愛의 社會史	J. 솔레 / 李宗旼	12,000원
88 러시아미술사	A. I. 조토프 / 이건수	16,000원
89 中國書藝論文選	郭魯鳳 選譯	18,000원
90 朝鮮美術史	關野貞	근간
91 美術版 탄트라	P. 로슨 / 편집부	8,000원
92 군달리니	A. 무케르지 / 편집부	9,000원
93 카마수트라	바짜야나 / 鄭泰爀	10,000원
94 중국언어학총론	J. 노먼 / 全廣鎭	18,000원
95 運氣學說	任應秋 / 李宰碩	8,000원
96 동물속담사전	宋在璇	20,000원
97 자본주의의 아비투스	P. 부르디외 / 최종철	6,000원
98 宗敎學入門	F. 막스 뮐러 / 金龜山	10,000원
99 변 화	P. 바츨라빅크 外 / 박인철	10,000원
100 우리나라 민속놀이	沈雨晟	15,000원
101 歌 訣	李宰碩 편역	20,000원
102 아니마와 아니무스	A. 융 / 박해순	8,000원
103 나, 너, 우리	L. 이리가라이 / 박정오	10,000원
104 베케트연극론	M. 푸크레 / 박형섭	8,000원

105	포르노그래피	A. 드워킨 / 유혜련	12,000원
106	셸 링	M. 하이데거 / 최상욱	12,000원
107	프랑수아 비용	宋 勉	18,000원
108	중국서예 80제	郭魯鳳 편역	16,000원
109	性과 미디어	W. B. 키 / 박해순	12,000원
110	中國正史朝鮮列國傳(전2권)	金聲九 편역	120,000원
111	질병의 기원	T. 매큐언 / 서 일·박종연	12,000원
112	과학과 젠더	E. F. 켈러 / 민경숙·이현주	10,000원
113	물질문명·경제·자본주의	F. 브로델 / 이문숙 外	절판
114	이탈리아인 태고의 지혜	G. 비코 / 李源斗	8,000원
115	中國武俠史	陳 山 / 姜鳳求	절판
116	공포의 권력	J. 크리스테바 / 서민원	근간
117	주색잡기속담사전	宋在璇	15,000원
118	죽음 앞에 선 인간(상·하)	P. 아리에스 / 劉仙子	각권 8,000원
119	철학에 관하여	L. 알튀세르 / 서관모·백승욱	10,000원
120	다른 곳	J. 데리다 / 김다은·이혜지	8,000원
121	문학비평방법론	D. 베르제 外 / 민혜숙	12,000원
122	자기의 테크놀로지	M. 푸코 / 이희원	12,000원
123	새로운 학문	G. 비코 / 李源斗	22,000원
124	천재와 광기	P. 브르노 / 김웅권	13,000원
125	중국은사문화	馬 華·陳正宏 / 강경범·천현경	12,000원
126	푸코와 페미니즘	C. 라마자노글루 外 / 최 영 外	16,000원
127	역사주의	P. 해밀턴 / 임옥희	12,000원
128	中國書藝美學	宋 民 / 郭魯鳳	16,000원
129	죽음의 역사	P. 아리에스 / 이종민	13,000원
130	돈속담사전	宋在璇 편	15,000원
131	동양극장과 연극인들	김영무	15,000원
132	生育神과 性巫術	宋兆麟 / 洪 熹	20,000원
133	미학의 핵심	M. M. 이턴 / 유호전	14,000원
134	전사와 농민	J. 뒤비 / 최생열	18,000원
135	여성의 상태	N. 에니크 / 서민원	22,000원
136	중세의 지식인들	J. 르 고프 / 최애리	18,000원
137	구조주의의 역사(전4권)	F. 도스 / 이봉지 外	각권 13,000원
138	글쓰기의 문제해결전략	L. 플라워 / 원진숙·황정현	18,000원
139	음식속담사전	宋在璇 편	16,000원
140	고전수필개론	權 瑚	16,000원
141	예술의 규칙	P. 부르디외 / 하태환	23,000원
142	사회를 보호해야 한다	M. 푸코 / 박정자	16,000원

■ 古文字類編	高　明	24,000원
■ 古文字學論集(第一輯)	中國古文字學會 편	12,000원
■ 金文編	容　庚	36,000원
■ 딸에게 들려 주는 작은 지혜	N. 레흐레이트너 / 양영란	6,500원
■ 딸에게 들려 주는 작은 철학	R. 시몬 셰퍼 / 안상원	7,000원
■ 미래를 원한다	J. D. 로스네 / 문 선·김덕희	8,500원
■ 산이 높으면 마땅히 우러러볼 일이다	유　향 / 임동석	5,000원
■ 서기 1000년과 서기 2000년	J. 뒤비 / 양영란	8,000원
그 두려움의 흔적들		
■ 세계사상·창간호		10,000원
■ 세계사상·제2호		10,000원
■ 세계사상·제3호		10,000원
■ 세계사상·제4호		14,000원
■ 선종이야기	홍　희 편저	8,000원
■ 소림간가권	덕　건 / 홍　희	5,000원
■ 십이속상도안집	편집부	8,000원
■ 어린이 수묵화의 첫걸음(전6권)	조　양	42,000원
■ 原本 武藝圖譜通志	正祖 命撰	60,000원
■ 隸字編	洪鈞陶	40,000원
■ 중국기공체조	중국인민잡지사	3,400원
■ 중국도가비전양생장수술	변치중	5,000원
■ 한글 설원(상·중·하)	임동석 옮김	각권 7,000원
■ 한글 안자춘추	임동석 옮김	8,000원
■ 한글 수신기(상·하)	임동석 옮김	각권 8,000원

東文選 現代新書 24

순진함의 유혹

파스칼 브뤼크네르

김웅권 옮김

　동서 냉전구조가 사라진 오늘날 거대한 소비사회의 개인이 안고 있는 문제를 개인과 개인주의 태동과정을 역사적으로 조명하며 탐구해 나간 역작. 저자는 자기 행위의 결과로부터 벗어나고자 하는 현대의 개인들이 앓고 있는 병, 즉 자신은 어떠한 불편도 감수하려 하지 않으면서 자유의 혜택만을 누리고자 하는 기도를 '순진함'이라 일컫고, 이 병은 '유년기적 행동 경향'과 '희생화 경향'이라는 두 가지 방향으로 피어난다고 설명한다.

　오늘날 적어도 물질적 차원에서 보면, 모든 것을 '즉시 여기에서'만 족시켜 줄 수 있는 신용소비사회에서 적나라하게 드러나는 유아적 태도. 어떤 명분을 위해서도 자기 자신을 희생시킬 수 없는 모래알 같은 개인. 개인으로서 해방과 자유를 쟁취하고 경제적 정의를 보장받았을 때, 상승을 거부하며 저급한 오락과 소비로 눈을 돌려 버린 대중. "나는 희생자이다. 그러므로 나는 더 권리가 있으며, 내 행동에 대한 책임은 없다"라는 논리 아래 법치국가와 복지국가에서는 약자인 희생자의 편에 서야만 살아남을 수 있다는 심리구조가 확산되어, 모두가 자신을 희생당하고 박해받은 자로 내세우는 사회, 억압받는 자의 한 패러다임으로 해석되어 유태인과 비교되기도 하는 여권주의 운동. 이미 그 의미가 국제적 차원을 획득한 유고슬라비아 사태의 희생화 경향. 이데올로기 전쟁의 종말과 더불어 국가와 민족들을 모두 서로에게 잠재적인 적으로 만든 공산주의의 실패. 외설스러울 정도로 노출된 비극적 장면들과 일상의 가벼운 장면들을 한꺼번에 쏟아내어 대중으로 하여금 사건들을 순식간에 망각 속에 묻어 버리게 하고, 비극 자체에 무감각하게 만드는 대중매체…… 등등.

　하나의 주제를 놓고 사유를 확장하고 심화시키는 작업이 가져온 결정물의 아름다움이 담겨 있는 《순진함의 유혹》은 독자들에게 책 읽는 즐거움을 한껏 선사하고, 새로운 시야를 열어 주고 있다.

東文選 現代新書 22

이미지 폭력

올리비에 몽젱

이은민 옮김

영화와 폭력, 일찍이 폭력이 이처럼 미화된 적이 있었던가?

"가장 견디기 힘든 폭력은 가장 통증이 없는 폭력이다. 스크린 위에서는 폭력이 더 광적이 되가는 반면 관객들은 무감각에 길들여지고 있다." 끝없는 폭력의 우물로 가라앉고 있는 현대인들 앞에 영화 속의 폭력은 어떤 유형으로 나타나고 있으며, 우리는 폭력으로부터 어떻게 벗어날 수 있는가.

화면의 폭력이 처참하고 잔인해질수록 오히려 관객들은 영화 속의 폭력세계를 자신과 무관한 환상의 세계로 착각하고 안도감을 갖게 된다는 데에서 저자의 폭력적 이미지에 대한 탐구는 시작된다. 그러나 역설적이게도 이 점이 바로 현대 사회가 폭력에 대해 매우 민감한 사회임을 증명한다고 저자는 강조한다.

영화와 텔레비전의 화면을 침범한 폭력은 서구 국가들에서 사회적인 논쟁을 일으켰다. 사람들이 모든 것을 드러낼 수 있는가? 그리고 만일 모든 것을 보여 줄 수 없다면, 비난해야 하는가? 보통 몇몇 민감한 질문들이 열렬한 입장들과 흔히 피상적인 입장들을 끌어낸다.

올리비에 몽젱은 반대로 사람들이 폭력적이라고 말하는 영화를 가까이에서 검토하는 입장에 섰다. 60년대 폭력이 나타나는 방식과, 오늘날 제시되는 방법 사이에 분명하게 변화한 것이 무엇인가에 대하여 심도 있는 질문을 던진다——현대의 폭력성은 폭력 자체로 내비쳐지지만 우리는 그것을 추월할 수도, 그것을 제거할 수도, 재생할 수도 없다. 폭력 장면들을 비난하는 대신, 이 책은 우리로 하여금 거기에서 벗어나는 길을 트려고 한다.

東文選 現代新書 3

사유의 패배

알랭 핑켈크로트

주태환 옮김

　문화 속에서 우리는 거북스러움을 느낀다. 왜냐하면 문화란, 사유(思惟)하면서 살아가는 일이기 때문이다. 그리고 오늘날 사유가 아무런 역할도 하지 못하는 제반행위를 흔히 문화적인 것으로 규정해 버리는 조류가 확인되고 있다. 정신의 위대한 창조에 필수적인 동작들, 이 모두가 이렇게 문화적인 것으로 잘못 여겨지고 있다. 무슨 이유로 소비와 광고, 혹은 역사 속에 뿌리박은 모든 자동성이 가져다 주는 달콤함을 탐닉하기보다는 참된 문화를 선택해야 하는 것일까?

　87,88년 프랑스 최고의 베스트셀러로서 프랑스 지성계에 커다란 파문을 일으킨 본서는, 오늘날 프랑스 대중들에게 가장 영향력 있는 철학자 중의 한 사람인 핑켈크로트의 대표작이다. 그는 현재 많은 저작과 방송매체를 통해 사회문제에 관해 적극적인 발언을 펼치고 있다.

　그는 오늘날의 거대한 야망이 문화를 손아귀에 움켜쥐고 있다고 결론짓고, 문화라는 거창한 이름 아래 소아병적 증상과 더불어 비관용적 분위기가 확대되어 왔으며, 이제는 기술시대가 낳은 레저산업이 인간 정신이 이루어 놓은 문화적 유산을 싸구려 유희거리로 전락시키고 있으며, 그리하여 정신이 주도하던 인간 삶은 마침내 집단의 배타적 가치에 광분하는 인간과 흐느적거리는 무골인간, 이들 사이의 무시무시하고도 우스꽝스런 만남에 자기 자리를 내주고 있다고 통박하고 있다.

　그는 본서를 통해 정신적 의미가 구체적 역사 속에서 부상하고 함몰하는 과정을 그려내면서, 우리가 어떻게 해서 여기에까지 도달하게 되었는지를 일관된 논리로 비판하고 있다.

東文選 現代新書 1

21세기를 위한 새로운 엘리트

FORSEEN 연구소 (프)

김경현 옮김

우리 사회의 미래를 누르고 있는 경제적·사회적 그리고 도덕적 불확실성과 격변하는 세계에서 새로운 지표들을 찾는 어려움은 엘리트들의 역할과 책임에 대한 재고를 요구한다.

엘리트의 쇄신은 불가피하다. 미래의 지도자들은 어떠한 모습을 갖게 될 것인가? 그들은 어떠한 조건하의 위기 속에서 흔들린 그들의 신뢰도를 다시금 회복할 수 있을 것인가? 기업의 경영을 위해 어떠한 변화를 기대해야 할 것인가? 미래의 결정자들을 위해서 어떠한 교육이 필요한가? 다가오는 시대의 의사결정자들에게 필요한 자질들은 어떠한 것들일까?
  이 한 권의 연구보고서는 21세기를 이끌어 나갈 엘리트들에 대한 기대와 조건분석을 시도하고 있으며, 구체적으로 그들이 담당할 역할과 반드시 갖추어야 될 미래에 대한 비전을 제시하고 있다.
  본서는 프랑스의 세계적인 커뮤니케이션 그룹인 아바스 그룹 산하의 포르셍 연구소에서 펴낸 《미래에 대한 예측총서》 중의 하나이다. 63개국에 걸친 연구원들의 활동을 바탕으로 세계적인 차원에서 우리 사회를 변화시키게 될 여러 가지 추세들을 깊숙이 파악하고 있다.
  사회학적 추세를 연구하는 포르셍 연구소의 이번 연구는 단순히 미래를 예측하는 데에 그치는 것이 아니라, 미래를 준비하는 자들로 하여금 보충적인 성찰의 요소들을 비롯해서, 그들을 에워싸고 있는 세계에 대한 보다 넓은 이해를 지닌 상태에서 행동하고 앞날을 맞이하게끔 하기 위해서 이 관찰을 활용하자는 것이다.

東文選 現代新書 7

20세기 프랑스 철학

에릭 매슈스
김종갑 옮김

　현대 프랑스 철학에 대한 애정 깊은, 그럼에도 비판적인 시각이 배어 있는 소개서이다. 프랑스 철학에 접할 기회가 없었던 학부 학생들이나 일반인들은 이 책을 읽고서, 나름의 문제와 씨름하면서 진지하게 해결책을 모색했던 프랑스의 지적 사조의 맥락을 분명하게 잡을 수 있을 것이다. 무엇보다 이 책의 장점은 내용과 문채의 분명성에 있다.

　단 한 권의 책에 20세기 프랑스 철학의 역사를 기술하면서도 나름의 철학적 입장을 노련하게 전개했다는 점에서 근래에 보기 드문 업적이라 할 수 있다. 저자인 매슈스가 엄격한 철학자이면서 동시에 박학한 역사학자라는 데는 의문의 여지가 없을 것이다.

　이 책에서 매슈스는 20세기의 중요한 철학자들의 업적을 역사적이면서 비판적인 시각에 입각해서 소개했다. 난삽한 전문용어의 사용을 최대한 자제하면서, 매슈스는 데카르트 철학에서 유래한 프랑스 철학이 현대에도 베르그송이나 사르트르·메를로 퐁티·푸코·데리다와 페미니스트의 저술에서 계승, 발전되고 있음을 설득력 있게 보여 주었다. 또한 저자는 철학을 프랑스의 광범한 문화의 연장선에 올려 놓으면서 영미권 철학과의 유사성과 차이에도 주목하고 있다.

東文選 現代新書 15

일반미학

로제 카이유와

이경자 옮김

 '미'란 인간이 느끼고 내리는 평가라 할지라도, 자연의 구조는 상상 가능한 모든 미의 출발점이며 최종적인 참조 목록이다. 하지만 인간이 바로 자연의 일부분이기 때문에 그 범위가 쉽게 제한되며, 인간이 미에 대해 느끼는 감정은 생명체라는 인간의 조건과 우주의 일부분에 지나지 않는다는 생각을 하게 할 뿐이다. 그 결과 자연이 예술의 모델이 되는 것이 아니라, 오히려 예술은 자연의 특수한 경우에 해당한다. 즉 예술이란 미학이 인간의 의도나 제작행위라는 부차적인 검열과정을 거치게 될 때 생기는 자연의 특수한 경우이다. 아주 단순해 보이는 이 사실은 매우 중요한 의미를 지니고 있다.

 시학으로부터 광물학, 미학으로부터 동물학, 신학으로부터 민속학에 이르기까지 폭넓은 주제에 관한 많은 저서를 남긴 로제 카이유와는, 이 책에서 '형태'·'미'·'예술'이라는 광범위한 주제에서부터 한정된 주제로 점점 좁혀가며 미적 탐구를 진행해 나가고 있다. 형성 기원이 무엇이건간에 아름답다고 평가받는 형태들에 대한 연구인 미학의 영역과, 미학의 일부분에 지나지 않는 예술의 영역을 확연하게 구분하고 있는 그는 자연의 제 형태에 관한 연구, 즉 풍경대리석과 마노 또는 귀갑석의 무늬 등에 대한 연구와 현대 예술가들의 다양한 창작 태도에 대한 관점을 간결하고도 명확하게 설명하고 있다.

東文選 文藝新書 146

눈물의 역사

안 뱅상 뷔포

이자경 옮김

사생활의 형태들에 대한 역사학의 현대적 관심 속에서, 하나의 질문이 제기된다. 그것은 바로 '눈물의 역사가 있다면?'이다. 우리의 가장 은밀한 (또는 겉으로 표현되기도 하는) 태도들 가운데 하나인 이 눈물을 역사의 개념으로 이해하는 것은, 이러한 감동의 형태들을 사용하는 방식이 시대와 사회에 따라 섬세하거나, 혹은 부자연스러운 것이 된다는 사실을 성찰하게 해 준다.

어떠한 눈물도 서로 유사하지 않지만, 그러나 이전의 두 세기를 살펴보면 이러한 감동 표현의 중심에 변화가 일어났음을 알게 된다. 문학작품·의학서적·재판기록·연감·일기 등의 자료에 근거하여, 저자는 18세기를 쉽게 눈물을 흘리는 시대로 나타낸다. 눈물을 자아내는 연극으로부터 대혁명 하의 집단적 진정토로에 이르기까지, 눈물은 대중 사이에서 전파되는 것처럼 보인다. 비록 이러한 행동에 대한 해석에서 성별에 따라 몇 가지 차이점이 읽혀지지만, 그럼에도 불구하고 18세기는 손쉬운 눈물을 흘리게 한다. 그리고 그 눈물은 뚜렷이 식별되는 기능들을 가진다. 남몰래 부끄러워하며 홀로 내적 자아의 감미로운 희열 속에서 눈물 흘리기를 좋아하는 낭만주의 시기가 지나고, 19세기는 후반에 들어서면서 다른 양상으로 나아간다. 풍속과 연관된 다른 분야들에서와 마찬가지로 눈물에서도 질서를 부여하려고 노력한다. 불안을 일으키는 것으로 인식된 눈물은 경계의 대상이 되며, 그 담론 한가운데 여성이 위치하게 된다. 따라서 여성이 눈물의 희생자이든 조작자이든간에, 여성이 지닌 감동의 능력은 통제되지 않으면 안 되게 된다.

역사학자로서 특히 근대 프랑스 사회의 풍속사를 연구 대상으로 하고 있는 저자는, 18,9세기에 걸친 눈물의 궤적을 추적, 문학작품·연극·고문서 기록·회상록·일기 등과 같은 광범위한 자료를 섭렵하였다. 결국 이 연구서는 프랑스의 18,9세기에 있어서 '감수성의 사회적 표현에 관한 변천사'라고 할 수 있다.

東文選 文藝新書 141

예술의 규칙
─문학 장의 기원과 구조

피에르 부르디외

하태환 옮김

"모든 논쟁은 그로부터 시작된다"라고 일컬어질 만큼 현재 프랑스 최고의 사회학자인 피에르 부르디외의 예술에 관한 사회학적 분석서.

19세기에 국가의 관료체제와 그의 아카데미들, 그리고 이것들이 강요하는 좋은 취향의 규범들로부터 충분히 떼내어진 문학과 예술의 세계가 만들어진다.

피에르 부르디외는 문학 장의 연속적인 형상들 속에 드러나는 그 구조를 기술하면서, 우선 플로베르의 작품이 문학 장의 형성에 있어서 어떤 빚을 지고 있는가를 보여 준다. 다시 말해 작가로서의 플로베르가 자신이 생산함으로써 공헌하는 것을 통해 어떤 존재로 나타나는지를 보여 주는 것이다.

작가들과 문학제도들이 복종하는——작품들 속에 승화되어 있는——논리를 기술하면서, 피에르 부르디외는 '작품들의 과학'의 기초들을 제시한다. 이 과학의 대상은 작품 그 자체의 생산뿐만 아니라, 작품의 가치 생산이 될 것이다. 원래의 환경에 연결되어 있는 사회적 결정들의 효과 아래에서 창조를 제거하기보다는, 장의 결정된 상태 속에 기입되어 있는 가능성의 공간을 분석해 보면, 예술가가 수행해야 하는 작업을 이해할 수 있다. 다시 말해 예술가는 이러한 결정에 반대함으로써, 그리고 그 결정 덕분에 창조자로서, 즉 자기 자신의 창조의 주체로서 자신을 생산하기 위한 작업을 수행해야 한다.

東文選 現代新書 9

텔레비전에 대하여

피에르 부르디외

현택수 옮김

텔레비전으로 방송된 이 두 개의 콜레주 드 프랑스에서의 강의는 명쾌하고 종합적인 형태로 텔레비전 분석을 소개하고 있다. 첫번째 강의는 텔레비전이라는 작은 화면에 가해지는 보이지 않는 검열의 메커니즘을 보여 주고, 텔레비전의 영상과 담론의 인위적 구조를 만드는 비밀들을 보여 주고 있다. 두번째 강의는 저널리즘계의 영상과 담론을 지배하고 있는 텔레비전이 어떻게 서로 다른 영역인 예술·문학·철학·정치·과학의 기능을 깊게 변화시키는지를 설명하고 있다. 이러한 현상은 시청률의 논리를 도입하여 상업성과 대중 선동적 여론의 요구에 복종한 결과이다.

이 책은 프랑스에서 출판되자마자 논쟁거리가 되면서, 1년도 채 안 되어 10만 부 이상 팔려 나가 베스트셀러 리스트에 오르고, 세계 각국에서 번역되어 읽혀지고 있는 피에르 부르디외의 최근 대표작 중 하나이다. 인문사회과학 서적으로서 보기 드문 이같은 성공은, 프랑스 및 세계 주요국의 지적 풍토를 말해 주고 있다. 이처럼 이 책이 독자 대중의 폭발적인 반응과 기자 및 지식인들의 지속적인 반향을 불러일으키는 이유는, 세계적으로 잘 알려진 그의 학자적·사회적 명성 때문이기도 하지만 무엇보다도 언론계 기자·지식인·교양 대중들 모두가 관심을 가질 만한 논쟁적인 내용을 담고 있기 때문이다.

東文選 文藝新書 103

나, 너, 우리

― 差異의 文化를 위하여

루스 이리가라이

박정오 옮김

정신분석학 · 언어학 · 법학 · 생태학에서의 페미니즘

　여성으로서 평등을 주장하는 것은 내게는 진정한 반대의 잘못된 표현처럼 보인다. 평등을 요구하는 것은 비교 대상을 전제로 한다. 누구에게, 또는 무엇에 대해 여자들이 동등해지기를 원하는가? 남자에게? 봉급에서? 공공기관에서? 도대체 어떤 기준에 대해? 왜 여성들 스스로에 대해서는 안 되는가?

　평등의 요구에 대해 좀더 엄밀히 분석해 보면, 피상적인 문화 비평의 차원에서는 이러한 요구들의 근거가 충분하지만, 여성을 해방시키는 수단으로서는 유토피아적이다. 여성의 착취는 성차별에 기초하고 있으므로, 그 해결책은 성차별을 통해서만 가능할 것이다.

　이 간결하고 직접적인 글에서 이리가라이는 여성의 어머니로서의 경험, 나이, 美라는 제도, 사회에서 에이즈를 다루는 태도, 사랑의 문화적 개념, 사회 변화가 어떻게 언어 변화에 의존하고 있는지, 그리고 왜 어머니만 딸을 교육할 수 있는지, 여성들이 왜 자신의 주체성을 발견하는 것이 필요한지를 깊이 숙고한다. 이러한 문제들이 제자리를 찾을 때 비로소 여성은 여성의 정체성을 형성하고, 그들의 욕구와 욕망, 권리와 의무가 조화를 이루며 살 수 있는 문화적 수단을 발견하게 될 것이다. 구분된 여성으로서의 〈나〉가 존재할 때 비로소 어떤 여성이든 또 다른 〈너〉에 동참하여, 복수의 〈우리〉를 만들 수 있을 것이다.

東文選 文藝新書 105

포르노그래피 –여자를 소유하는 남자들

안드레아 드워킨 / 유혜련 옮김

사드와 바타유로부터 킨제이報告, 플레이보이誌, 포르노테이프에 이르기까지 온갖 性묘사 속에 은닉된 '意味'를 적나라하게 파헤친 레디칼 페미니즘의 眞髓. 2개 출판사로부터 계약파기당하였고, 12개 출판사로부터 거부당하였으며, 출판 후에도 수 년간 절판당해야 했던 禁書 아닌 禁書!

본서는 '외설'을 다루고 있는 것이 아니다. 무엇이든 '외설'이려면 그것이 관람이나 전시에 적합치 않다는 판단이 내려져야 한다. '외설'은 '포르노그래피'와 동의어가 아니다. '외설'은 하나의 개념이며, 그것은 가치판단을 요구한다. 포르노그래피는 구체적인 매춘부들의 생생한 묘사이다. 포르노그래피는 천박한 표적에 불과하며, 그것을 공격한 시점에서 아무 변화도 일어나지 않는다고 말하는 사람들은 언제나 있기 마련이지만, 그러나 진실로 말하자면 그것은 잘못이다. 포르노그래피는 남성의 우월성 구현에 불과하다. 그것은 남성지배의 DNA라고도 할 수 있는 것으로서 성적 학대의 온갖 규칙도, 성적 새디즘의 온갖 미묘한 의미도, 공공연한 것과 비밀스러운 것을 포함한 온갖 성적 착취도 이 속에 암호화되어 있다. 포르노그래피란 우리들 여성에게는 그런 남성이 없었으면 좋겠다 싶은 상태이며, 남성에게는 여성이란 이러한 것이라고 생각케 하며, 또한 우리들을 그렇게 만들려고 하는 상태이며, 더욱이 남성이 우리를 사용하는 방식이다. 내가 이 말을 하는 이유는, 그들이 생물학적으로 남성인 것이 문제가 아니라 그들 남성의 사회권력이 그렇게 조직되어 있다는 것이다. 정치활동가의 관점에서 보면, 포르노그래피는 남성우위성의 청사진으로 남성의 우위성을 구축하는 방식을 나타내고 있다. 정치활동가는 이 청사진을 알 필요가 있다. 문화적 용어를 사용한다면, 포르노그래피는 남성의 지배라는 교의를 굳게 지키는 원리주의이다. 여성과 성충동을 규정하는 이러한 교의, 이 예정설에는 자비라곤 도무지 없다. 이 속에서 여성은 단지 강간과 매춘으로 이끌릴 뿐이며, 이의를 제창하는 사람은 파괴 또는 소멸된다. 포르노그래피는 남성의 권력과 증오·소유권·계급제도·새디즘·우월성이 성욕으로 표현된 것이다. 있을 수 있는 모든 강간, 예를 들어 여성이 구타당하고 범해질 경우와 매춘당하게 될 경우까지 포함한 모든 강간 사례, 아직 말도 제대로 못하는 유아였을 때 벌어진 근친상간을 포함한 있을 수 있는 모든 근친상간, 그리고 남편이나 연인이나 연쇄살인범 탓에 생긴 여성 살해 뒤에는 포르노그래피의 전제가 도사리고 있다.

만약 이것을 천박하다고 말한다면, 도대체 깊이 있는 것은 무엇일까?

東文選 文藝新書 143

페미니즘 사전

리사 터틀

유혜련 / 호승희 옮김

    페미니즘은 오늘날의 사회에서 가장 영향력 있는 운동 가운데 하나이다. 지금까지 그 목적을 위해 싸워 오면서, 그리고 많은 어려움을 겪어 오면서 부단히 발전해 왔다.

    페미니즘에 대해 간단히 정의내릴 수는 없지만, 페미니즘에 관해 기술한 백과사전이 1천 개가 넘는 자료가 있는 상황에서 리사 터틀은 그 주제에 관한 완전한 이해와 확실한 해설을 분류·정리하였다.

    페미니즘은 사회운동이자 이데올로기이다. 한 권의 참고 문헌에서 모든 사항들을 과거와 현재에 걸쳐 객관적으로, 또한 아주 이해하기 쉬운 형태로 논의하고 있다. 여기에서는 페미니즘의 경로를 결정짓는 데 전력한 인물들, 여성들의 권리를 지지하고 보호해 온 기구들, 페미니즘 운동과 사상에 영향을 미친 사건들, 그리고 이 페미니즘이 낳은 슬로건, 서적들과 사상들, 나아가 많은 토픽들이 수록되어 있다.

    이렇듯 방대한 참조 사항과 문헌 목록의 도움으로 페미니즘에 관한 사전은 현대 사회의 가장 중요한 운동 가운데 하나로서 필수적인 지침서가 되고 있다.

    리사 터틀은 미국 태생으로 현재 영국에 거주하고 있다. 오랫동안 저널리스트로 활동하였으며, 지금은 공상 및 과학소설을 발표하고 있다.

    그녀 자신은 열렬한 페미니스트로서 미국과 유럽을 오가며 여성운동에 적극적으로 참여하고 있다.

東文選 文藝新書 87

性愛의 사회사

자크 솔레 / 이종민 옮김

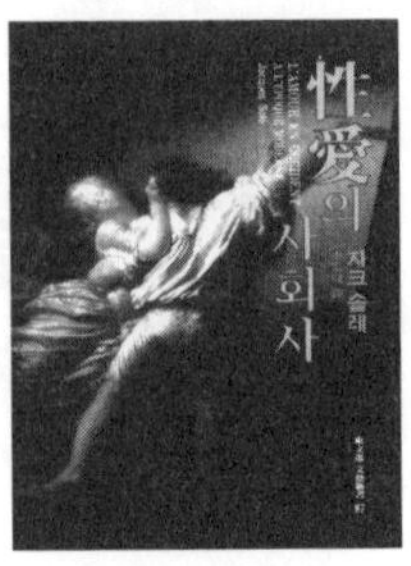

교황 알렉산데르 6세의 방탕으로부터 왕공들의 난행까지, 귀족들의 난교로부터 빈민들의 치정까지. 세기적인 호색가 카사노바로부터 사드를 비롯한 대문호들과 예술가들의 性과 사랑. 신학의 가르침과 육체혐오, 에로티시즘의 숭배, 묵인된 매춘…… 등 결코 채워지지 않는 性에 대한 인간의 영원한 욕구를 적나라하게 파헤친 訣定版 性愛史!

　이 저작의 특징은 무엇보다도 총합적인 연구의 성과에 있다고 할 수 있다. 이 경우, 총합적이란 어휘는 다음과 같은 의미를 함축하고 있다.
　우선 이탈리아와 프랑스·스페인·독일·영국·네덜란드, 나아가 신대륙이나 식민지 등 포괄적인 의미에서 서구라고 부르는 전지역의 모든 계층을 대상으로 삼아 각 지역과 계층에서의 성애의 이념과 현실적인 차이점, 그리고 공통된 양상과 발전을 그려내고자 한 것이 첫번째 성과일 것이다. 아울러 성애라는 인간의 원초적 행위를 역사적이고 사회적인 모든 측면에서 고찰했다는 것이 이 연구에서의 두번째 성과일 것이다. 저자는 한 국가의 통치체제가 부르주아적인 질서 속에서 종교의 힘을 빌려 인간의 개인적인 성애를 얼마나 억압하고 있었는가를 탐색하는 한편으로, 그 같은 억압 속에서도 예를 들면 농민들 사이에서의 성애가 자유를 구가하고 있었다는 사실을 분명히 깨닫고 있었던 것이다. 이 연구서의 최종적 성과로서 저자는 마녀나 매춘에서부터 동성애와 나아가 문학이나 음악·미술 등에 표현된 환상에 이르기까지, 지금까지의 전통적인 역사학에서 거의 다루지 않았던 몇몇 분야를 포함하여 성의 억압이 초래한 갖가지 현상을 총체적으로 제시했다는 것이다. 이렇듯 방대한 작업이 가능할 수 있었던 것은, 성애의 다양한 개인적·사회적 제반 형태에 관한 연구와 각 지방이나 계층을 대상으로 한 수많은 모노그래프가 이미 나와 있었기 때문이다. 기존의 혹은 현재 진행중인 제반 연구의 총합성을 지향하는 이 책은, 그런 의미에서 한 시대의 연구 수준을 보여 주는 기념비적인 저작으로 간주될 수 있다.

東文選 文藝新書 143

페미니즘 사전

리사 터틀

유혜련 / 호승희 옮김

　페미니즘은 오늘날의 사회에서 가장 영향력 있는 운동 가운데 하나이다. 지금까지 그 목적을 위해 싸워 오면서, 그리고 많은 어려움을 겪어 오면서 부단히 발전해 왔다.

　페미니즘에 대해 간단히 정의내릴 수는 없지만, 페미니즘에 관해 기술한 백과사전이 1천 개가 넘는 자료가 있는 상황에서 리사 터틀은 그 주제에 관한 완전한 이해와 확실한 해설을 분류·정리하였다.

　페미니즘은 사회운동이자 이데올로기이다. 한 권의 참고 문헌에서 모든 사항들을 과거와 현재에 걸쳐 객관적으로, 또한 아주 이해하기 쉬운 형태로 논의하고 있다. 여기에서는 페미니즘의 경로를 결정짓는 데 전력한 인물들, 여성들의 권리를 지지하고 보호해 온 기구들, 페미니즘 운동과 사상에 영향을 미친 사건들, 그리고 이 페미니즘이 낳은 슬로건, 서적들과 사상들, 나아가 많은 토픽들이 수록되어 있다.

　이렇듯 방대한 참조 사항과 문헌 목록의 도움으로 페미니즘에 관한 사전은 현대 사회의 가장 중요한 운동 가운데 하나로서 필수적인 지침서가 되고 있다.

　리사 터틀은 미국 태생으로 현재 영국에 거주하고 있다. 오랫동안 저널리스트로 활동하였으며, 지금은 공상 및 과학소설을 발표하고 있다.

　그녀 자신은 열렬한 페미니스트로서 미국과 유럽을 오가며 여성운동에 적극적으로 참여하고 있다.

東文選 文藝新書 135

여성의 상태
— 서구 소설에 나타난 여성상

나탈리 에니크 / 서민원 옮김

 여성의 이력에 제공된 가능성의 공간은 수많은 소설들 속에 펼쳐져 있고, 여전히 현대 작품들의 소재이기도 하다. 결혼을 앞둔 처녀, 배우자와 어머니·정부·노처녀 등 여성의 다양한 상태들은 우리에게 친숙한 작품을 이루는 범주들이다. 또한 세상 사람들이 편애하는 매개수단으로써의 소설적인 문화에 의해서 뿐만 아니라, 그 범주들은 명백히 현세계의 경험과도 밀접한 관계를 맺고 있다. 어쨌든 여기서 말하는 친숙함이란 지성이나 이해를 의미하는 것은 아니다. 이를테면 문화적인 체계의 관점으로부터 어느 정도 거리를 두고서, 인류학자의 '먼 시선'만이 앎의 질서에 다름 아닌 작품의 구성 요소들과 더불어 이해의 질서라고 할 수 있는 작품의 내적이고도 필연적인 논리를 설명할 수 있을 것이다.

 이 글은 서구 픽션에 있어서 다양한 여성들의 상태에 대한 단순한 나열이나 리스트 이상의 것을 지향한다. 이를테면 이 다양한 가능성의 공간들을 구성하는 커다란 개념에 대한 이해와 관련된 것이다. 즉 이러한 형광들은 어떻게 분절되는지, 또 이곳에서 저곳으로의 이동이 어떻게 일어나게 되는지, 그것을 고찰하면서 동시에 허구가 현실과 맺고 있는 작용을 분석하는 것에 우리의 목적이 있다. 체계의 총체적 논리, 그것의 이유와 방법을 이해하는 것에 다름아닌 것이다. 살아 있는 세상에 대한 경험으로써 이러한 상태를 다룬 서구 문학은 그 상태들에 우리가 친숙해지도록 해 왔다. 고전으로부터 애정소설에 이르기까지, 샬럿 브론테로부터 조르주 오네까지, 오노레 드 발자크로부터 마르그리트 뒤라스까지, 토머스 하디로부터 델리까지, 헨리 제임스로부터 대프니 뒤 모리에까지 말이다. 그 구조들 속에서 '먼 시선'으로 떠오르는 여성의 동일성을 통해, 이 책은 인류학이 어떻게 서구 문화의 소산인 소설에 대해 관점을 가질 수 있는가를 보여 주고 있다.